T0209469

essentials liefern aktuelles Wissen in konzentrierter Form. Die Essenz dessen, worauf es als „State-of-the-Art" in der gegenwärtigen Fachdiskussion oder in der Praxis ankommt. *essentials* informieren schnell, unkompliziert und verständlich

- als Einführung in ein aktuelles Thema aus Ihrem Fachgebiet
- als Einstieg in ein für Sie noch unbekanntes Themenfeld
- als Einblick, um zum Thema mitreden zu können

Die Bücher in elektronischer und gedruckter Form bringen das Fachwissen von Springerautor*innen kompakt zur Darstellung. Sie sind besonders für die Nutzung als eBook auf Tablet-PCs, eBook-Readern und Smartphones geeignet. *essentials* sind Wissensbausteine aus den Wirtschafts-, Sozial- und Geisteswissenschaften, aus Technik und Naturwissenschaften sowie aus Medizin, Psychologie und Gesundheitsberufen. Von renommierten Autor*innen aller Springer-Verlagsmarken.

Was Sie in diesem *essential* finden können

- Impulse und Anregungen, wie Sie das Hier und Jetzt der therapeutischen Szene besser für sich nutzen können
- Eine kompakte Einführung in die Konzepte Hier und Jetzt, Übertragung und Gegenübertragung
- Eine Ermutigung, aus einer rein supportiven therapeutischen Haltung herauszutreten und mehr zu konfrontieren
- Konkrete Beispiele, wie Sie das Hier und Jetzt dialogisieren können
- Eine humanistisch-tiefenpsychologische Sicht auf Psychotherapie (kann für alle Schulen fruchtbar gemacht werden)

Inhaltsverzeichnis

Über den Autor

Jens Winkler Psychotherapeutische Praxis, Bahn-
hofstraße 12, 78462, Konstanz, Deutschland
E-mail: jens-winkler@outlook.com

© Leonard Buck

Jens Winkler
Kreuzlingen, Schweiz

ISSN 2197-6708   ISSN 2197-6716 (electronic)
essentials
ISBN 978-3-662-65853-6   ISBN 978-3-662-65854-3 (eBook)
https://doi.org/10.1007/978-3-662-65854-3

Die Deutsche Nationalbibliothek verzeichnet diese Publikation in der Deutschen Nationalbibliografie; detaillierte bibliografische Daten sind im Internet über http://dnb.d-nb.de abrufbar.

Planung/Lektorat: Heiko Sawczuk
Springer ist ein Imprint der eingetragenen Gesellschaft Springer-Verlag GmbH, DE und ist ein Teil von Springer Nature.
Die Anschrift der Gesellschaft ist: Heidelberger Platz 3, 14197 Berlin, Germany

Jens Winkler

Mut zum Hier und Jetzt

Übertragung und
Gegenübertragung im
therapeutischen Dialog

 Springer

Einleitung 1

Das „Hier und Jetzt" und die therapeutische Beziehung können als Kernstücke von Psychotherapie angesehen werden. Die therapeutische Beziehung ist der Grund und Boden für eine erfolgreiche Psychotherapie (Lambert und Barley 2001). Therapeut*innen, welche im Hier und Jetzt arbeiten, erzielen bessere Therapieergebnissen als Therapeut*innen, welche sich insbesondere auf das „Damals und Dort" beziehen (vgl. Yalom 2010b). Gespräche, ausgehend vom Hier und Jetzt, werden als lebendiger, hilfreicher und wirksamer erlebt (Yalom 2010b). Wir Therapeut*innen erfahren uns als frischer und präsenter. Viele Therapeut*innen haben eine Scheu vor der unmittelbaren Begegnung und sind deshalb zurückhaltend mit der Besprechung von Hier-und-Jetzt-Erfahrungen. Das Hier und Jetzt ist lebendig, in der Erfahrung einzigartig, ständig im Wandel und nicht kontrollierbar. Das sind nur einige der Gründe, warum viele vor diesem spannenden Feld zurückschrecken.

Mit diesem Essential möchte ich Mut machen und eine Haltung aufzeigen, die Sicherheit beim Dialogisieren des Hier-und-Jetzt-Geschehens geben kann. Gleichzeitig gebe ich eine Einführung in die zentralen psychodynamischen Konzepte Übertragung und Gegenübertragung. Es soll für die Leser*innen eine Anregung sein, kann jedoch keine Anweisungen geben. Wer sich hier eindeutige Vorgehensweisen und vorformulierte Interventionen erhofft, wird wohl durch den Text enttäuscht werden. ... Dennoch hoffe ich, dass zahlreiche Beispiele ausreichend praxisnahe Orientierung zu einem möglichen Vorgehen geben können. Der Abschnitt „Übertragung und Gegenübertragung" beinhaltet einige konkrete Interventionsideen. Im letzten Abschnitt „Übertragung und Gegenübertragung im therapeutischen Dialog" setze ich einen Fokus auf die Vermittlung einer möglichen Haltung. Das Thema ist sehr vielschichtig. Ich werde in diesem kurzen Beitrag nicht auf alle Facetten des Themas eingehen können. Mein Ziel ist, eine klare Haltung zu vermitteln, welche die Lust an der Arbeit im Hier und Jetzt

© Der/die Autor(en), exklusiv lizenziert an Springer-Verlag GmbH, DE, ein Teil von Springer Nature 2022
J. Winkler, *Mut zum Hier und Jetzt*, essentials,
https://doi.org/10.1007/978-3-662-65854-3_1

vergrößert. Dem Geschriebenen liegt eine humanistisch-tiefenpsychologische Haltung zugrunde, die aber für alle psychotherapeutischen Schulen fruchtbar gemacht werden kann.

Der Beitrag richtet sich an alle therapeutisch Tätigen im weiteren Sinne (Psychotherapeut*innen, Sozialarbeiter*innen, Sozialpädagog*innen, Fachpfleger*innen etc.), die ein Interesse für Beziehungsarbeit und das Hier und Jetzt in den Gesprächen mitbringen. Er setzt wenige Grundkenntnisse psychodynamischer Konzepte voraus, sollte aber auch für Personen mit anderem fachlichem Hintergrund gut verstehbar sein.

Folgende Fragen können für uns Therapeut*innen – natürlich neben den expliziten Anliegen unserer Klient*innen – einen zentralen Fokus bilden. Die Art und Weise unserer Antworten stellt eine der zentralen und spannendsten Aufgaben im therapeutischen Prozess dar:

Wie bilden sich die zentralen Schwierigkeiten unserer Klient*innen innerhalb der therapeutischen Beziehung bzw. innerhalb der therapeutischen Gesprächsszene ab? Wie können wir die Resonanz darauf so dialogisieren, dass dies für unsere Klient*innen beim Erkennen und der Überwindung ihrer Probleme maximal hilfreich ist?

Menschen lösen unmittelbar etwas in uns aus: Sie sind uns gleich sympathisch oder nicht, wir interessieren uns oder nicht, wir fühlen uns nah oder auf Distanz, sie gehen uns unter die Haut oder lassen uns kalt, wir fühlen uns an jemanden erinnert oder sie lösen bestimmte Fantasien aus. Unsere Resonanz mag faktisch zutreffend sein oder auch nicht. Wir haben unausweichlich, unmittelbar ein Gefühl für unsere Klient*innen. Ich möchte hier auf das Prinzip „Vollständigkeit der Wahrnehmung" (vgl. Dörner et al. 2007, S. 261) verweisen. Wir müssen uns erlauben, alle Resonanz, alle Fantasien und Empfindungen in Bezug auf unser Gegenüber vollständig wahrzunehmen und diese in uns zu halten, während wir in Beziehung sind. In der Psychoanalyse wird diese Haltung „freischwebende Aufmerksamkeit" (Heimann 1969, S. 2) genannt. Das bedeutet, auch Gefühle von Ablehnung, Ohnmacht, Wut, Konkurrenz, Eifersucht oder gar sadistische Fantasien bewusst erleben zu dürfen. Diese innere Erlaubnis zum vollständigen Fühlen und Wahrnehmen ist eine Grundvoraussetzung, das Hier und Jetzt für die Therapie nutzbar machen zu können. Wir sollten unsere Fantasien auch nicht durch moralische Gebote filtern. Frei nach C. G. Jung geht es nicht darum, zu einem Gutsein zu ermutigen, sondern zu einem Bewusstsein des „Ganzen" (vlg. Jung 2007, S. 63). Unsere Resonanz auf unsere Klient*innen ist nicht nur die wichtigste Quelle für unsere Interventionen, sondern auch Grundlage für hilfreiche Rückmeldungen, Arbeitshypothesen und Fragen. Unsere inneren Reaktionen auf unsere Klient*innen bieten unmittelbare Hinweise darauf, was bisher noch nicht verstanden oder integriert werden konnte. Wo sonst ist es möglich, eine Norm zu etablieren, außer im therapeutischen Raum, in dem Rückmeldungen erlaubt sind und gemeinsamen genutzt und verstanden werden können? Die Kernfrage ist, wie ich meine Resonanz so zu den Klient*innen bringe, dass es dem Prozess und vertiefter Einsicht dienlich ist. Wir müssen uns auch fragen, was uns selbst zurückhält, bestimmte Wahrnehmungen in den Dialog zu bringen.

> **Übung: Resonanz wahrnehmen**
> *Erlauben Sie sich bei Ihrem nächsten Erstgespräch bewusst, Ihre Resonanz auf Ihren Klienten wahrzunehmen und diese nicht zu filtern. Welche Gefühle, Gedanken, Fantasien, Befürchtungen, Hoffnungen etc. werden bei Ihnen ausgelöst? Wie fühlt es sich an, diese Resonanz ganz bewusst zuzulassen und zu erleben? Bei welchen Inhalten verspüren Sie den Impuls, diese wegzudrängen?*

In unserer Alltagskommunikation wären persönliche metakommunikative Rückmeldungen übergriffig – insbesondere wenn sie ungefragt sind und nicht zur Nähe der jeweiligen Beziehung passen. Zu Recht wäre unser Gegenüber abgeschreckt oder irritiert. Wir Therapeut*innen haben jedoch die einmalige Chance, in den Therapien früh mit unseren Klient*innen eine gemeinsame Norm zu schaffen, in der persönliche Rückmeldungen nicht nur möglich, sondern sogar erwünscht sind.

> **Übung: Fantasien aussprechen**
> *Im Seminar machen wir folgende Übung, welche häufig in der Gestalttherapie Anwendung findet.*
> *Setzen Sie sich mit einem Ihnen unbekannten Teilnehmer zusammen und sprechen sie ihre Fantasien aus, die sie übereinander haben. Ist es nicht faszinierend, wie viel unser Gegenüber in uns auslöst, ehe wir noch ein Wort mit ihm oder ihr gewechselt haben? Einiges davon mag zutreffen, anderes aber auch nicht.*

Viele, auch erfahrene Therapeut*innen scheuen sich jedoch, das Erleben aus dem jeweiligen Beziehungsgeschehen im Hier und Jetzt zu dialogisieren. Die Kommunikation schwieriger Gegenübertragungsgefühle wird vermieden und anstehende Beziehungsklärungen, bei Unterbrechungen des Kontaktes, werden ganz aus dem Prozess ausgeklammert. Therapien werden häufig beendet, wenn aggressive Impulse der Klient*innen sich deutlicher auf uns lenken und eine rein idealisierte Helfer-Klient-Beziehung, eine Heiler-Kranker-Beziehung oder aber eine professionell-distanzierte Experte-Laie-Beziehung nicht mehr funktioniert. Diese klaren Rollenzuschreibungen bieten sowohl uns als auch unseren Klient*innen anfänglich Sicherheit, Orientierung und Schutz im Rahmen eines so vielschichtigen und komplexen Vorgangs wie der Psychotherapie. Warum können diese deutlich asymmetrischen Beziehungsangebote den therapeutischen Prozess jedoch irgendwann in eine Sackgasse führen? All diese Beziehungsformen begrenzen das Potenzial des therapeutischen Prozesses, da die jeweiligen Rollen in ein festes Narrativ eingebunden sind. Ist dieses einmal etabliert, können wir nicht einfach aus den entsprechenden Rollen ausbrechen. Dies macht eine spontane Veränderung in der Begegnung unwahrscheinlicher. Therapie ist in der Fassung dieser klaren Rollen kein prozesshafter Dialog zwischen einem Ich und einem Du, sondern zwischen einem Ich und einem Es, wie Martin Buber (2021) es nennen würde.

Da die Identifikation von uns Therapeut*innen mit einem Helfer bzw. einer Helferin eine besonders große Rolle spielt, möchte ich auf dieses häufig unbewusste Rollenverständnis im Folgenden näher eingehen. Unsere Therapeut*innen-Persönlichkeit wurde durch bestimmte Rollen und Erfahrungen geprägt. Viele Therapeut*innen sind *verletzte Helfer*[1] (vgl. Pross 2009). Wir haben in unserer eigenen Biografie eine Rolle zugeschrieben bekommen oder eingenommen, indem wir – häufig unter Zurücksetzung unserer eigenen Bedürfnisse – für andere da waren. Dass *verletzte Helfer* den Beruf des Psychotherapeuten oder andere „helfende Berufe" wählen, ist durchaus stimmig und nachvollziehbar. Wir müssen jedoch im Verlauf unserer Tätigkeit unsere eigene Intention hinterfragen, warum und wie wir in unserem Beruf wirken wollen.

Wenn ich auf die Spiegelung meiner Klient*innen als „idealer Mensch" – also immer verstehend, haltend und gewährend – angewiesen bin, so begrenze ich das Potenzial des therapeutischen Raums. Wir begrenzen nicht nur das Potenzial, sondern wir parentifizieren in gewisser Hinsicht unsere Klient*innen, da wir Sie brauchen, um ein Bild von uns zu bestätigen. Wir kehren damit die Beziehung

---

[1] C. G. Jung hat diesen das Konzept des verwundeten Heilers durch seine Beschäftigung mit der mythischen Figur Chiron eingeführt (Vogel 2017).

um. Die meisten haben sich lange genug nach Erwartungen von anderen gerichtet! Natürlich wollen wir irgendwie hilfreich sein. Letztendlich sollte es jedoch im therapeutischen Raum in erster Linie um ein tiefes Verständnis gehen, welches dann die Grundlage für Veränderung legt. Zu diesem Zweck müssen wir aus der unbewussten Rolle des „guten Helfers" aussteigen und Fragen stellen, die mit dieser Rollenerwartung möglicherweise brechen und zu Irritation führen können – und manchmal müssen.

Nur wenn der Therapeut in der Lage ist, einen positiven Kontakt zu seinen eigenen ‚erkrankten' Anteilen aufrechtzuerhalten und somit eine inflationäre Identifikation mit der Heilerseite aufgibt, ermöglicht er dem Patienten einen Kontakt mi seinem ‚inneren Heiler' und wieder um eine Disidentifikation mit der [...] Opfer- bzw. Krankenseite" (Vogel 2017, S. 56).

Ich selbst erlebe bei mir, gerade im Prozess des Kennenlernens, eine Scheu: Wie wird es sein, dieser Person zu begegnen? Wird sie mich mögen und als Therapeut anerkennen oder wird sie mich kritisieren, zurückweisen und dann verlassen? Diese Scheu fördert zunächst ein defensives Frage- und Kontaktverhalten. Das kann anfänglich durchaus gut für den Prozess sein und Klient*innen fühlen sich insofern bei uns „wohl", dass Sie keine unangenehmen Überraschungen fürchten müssen. Im Laufe des Prozesses sollten wir jedoch unsere Scheu überwinden und unserer Neugierde, unserem Interesse die Fragen überlassen. Wenn wir Rückmeldungen aus dem Erleben der Beziehung geben, dann verlassen wir den Posten des „Wissenden". Wir sind dann „Verstehende", die Unsicherheit des „Nicht-Wissens" aushalten müssen und in gewisser Hinsicht auch Kontrolle über den Gang des Gesprächs abgeben. Wir wissen nicht, welchen Lauf das Gespräch nimmt, wenn wir nach einer Irritation in der therapeutischen Szene fragen: „Oh ... jetzt frage ich mich, was hier gerade passiert ... Sollen wir uns das mal gemeinsam anschauen?"

Unsere Aufgabe ist es, eine Art Sicherheit in der Unsicherheit zu finden.

Wir wissen nämlich nicht, wie unsere Interventionen und Rückmeldungen aufgefasst werden.

Vielleicht schrecke ich mein Gegenüber damit zurück? Vielleicht sind meine Beobachtungen gar verletzend oder sogar beschämend? Vielleicht lade ich damit einen starken Ärger auf mich? Vielleicht werde ich dann weniger gemocht?

Darf ich enttäuschend oder frustrierend für meine Klient*innen sein?

Möglicherweise wirke ich damit zu invasiv? Vielleicht wird mein Klient dann nicht mehr kommen wollen? Darf Aggression in unserer Beziehung vorkommen oder ist das zu bedrohlich? Darf ich aggressive Impulse und Fantasien verspüren? Könnte ich die Beziehung zerstören, wenn ich diese zuließe?

Viele Therapeut*innen sind einfach nicht gut darauf vorbereitet, wie sie ihr – manchmal intensives – Erleben dialogisieren sollen, wie sie anschließend mit den Irritationen umgehen, die in der Beziehung entstehen können.

Und meiner Meinung nach ist dies auch eine der größten Herausforderungen, die unser Beruf an uns stellt.

Für die Gestaltung des therapeutischen Raums spielt es eine so entscheidende Rolle, ob ich mit der Rolle des „Helfers" als „ideales Objekt[2]" identifiziert bin oder ob ich auf den therapeutischen Prozess, auf ein gemeinsames Verstehen von zwei fehlbaren Menschen schaue.

Wenn ich mich als Therapeut mit der Zuschreibung als „fehlbar" wohler fühle, bin ich weniger auf meine Spiegelung als „ideales Objekt" angewiesen, was die Tiefe des gemeinsamen Erkenntnisprozesses ja so beschneidet.

Ähnlich ist der therapeutische Prozess so lange begrenzt, wie wir Therapeut*innen uns hinter einer rein professionellen Persona verstecken. In dieser Rolle haben wir die Antworten auf die Fragen unserer Klient*innen und müssen diese nur noch mit unseren geschickten Interventionen darauf lenken. Als Experten bieten wir Handlungsanweisungen und Lösungen an. Wir beanspruchen in dieser Rolle die Deutungshoheit darüber, was mit unseren Klient*innen los ist und was zwischen uns passiert. Dies kann ihnen zunächst Sicherheit und Orientierung geben; sie werden jedoch spüren, dass wir nicht daran interessiert sind, sie wirklich in der Tiefe kennen- und verstehen zu lernen und mit ihnen eine authentische Beziehung einzugehen: Wir bleiben draußen, emotional letztendlich unerreichbar und unverfügbar. Wir vermeiden damit, eine tiefere Verbindung einzugehen und uns selbst im Verstehensprozess Risiken auszusetzen. Die Beziehung bleibt asymmetrisch und funktioniert nur so lange, wie unsere Klient*innen uns

---

[2] Unsere Mitmenschen werden in der psychoanalytischen Sprache als Objekt bezeichnet. Diese Bezeichnung hat sich bis heute gehalten. Ich finde sie etwas unglücklich, werde sie aber dennoch weiter verwenden. Innere Objekte sind unsere innere Repräsentationen dieser Menschen.

aus einer kindlich-abhängigen Position heraus als allwissende Experten brauchen. Eine Begegnung zwischen einem Ich und einem Du, das wir noch nicht kennen und das uns in der letzten Instanz auch immer unverfügbar bleiben wird, kann so nicht geschehen. Therapie ist aus dieser Perspektive eine Aneinanderreihung von Interventionen und Techniken und kein Dialog auf Augenhöhe.

Für diesen Prozess benötige ich nicht nur das innere Einverständnis, als Mensch und Therapeut fehlbar zu sein. Ich brauche darüber hinaus auch eine Anbindung an meine eigene konstruktive Aggression. Nur so kann ich immer wieder vom „kuscheligen" Raum des „Verstanden-Werdens" in den unsicheren Raum des „Verstehen-Wollens" wechseln. Yalom (2010a) beschreibt, dass er die Therapiestunden am lebendigsten und wirksamsten empfindet, in denen seine Klient*innen und auch er ein Risiko eingehen. Dies kann in der Form geschehen, dass wir uns an ein Erleben oder eine Erfahrung herantasten, die noch nicht verstanden, eingeordnet oder verdaut werden konnte.

Ein Supervisor von mir drückte dies einmal so aus: Therapie kann über Strecken anstrengend und mühsam sein. Wir müssen dranbleiben und es fühlt sich so vielleicht mehr an wie auf einer Vollkornbrotkruste zu kauen, als gemeinsam Süßigkeiten zu naschen.

Mich hat dieses Bild entlastet. Es passte zu meinem Erleben der Langsamkeit mancher Prozesse und meiner Aufgabe, dabei- und dranzubleiben. Es passt auch zu der Aufregung und zu dem bewussten Herausgehen aus der gemeinsamen Komfortzone, wenn wir in der Therapie unerforschtes Gelände betreten. Um das wirklich zu erkunden, müssen wir auch bereit sein, aus unserer Rolle auszusteigen, aus unserer Helfer- oder Experten-Rolle. Wenn wir uns im Hier und Jetzt wirklich begegnen, so müssen wir uns mit unserer eigenen *„Begegnungsangst" (Dörner et. al., 2007, S. 260)*, Angst vor Nähe und unerfüllten Bindungswünschen auseinandersetzen. Aus diesem Grund ist Selbsterfahrung ein so wesentlicher Aspekt unserer Ausbildung!

Entwicklung vollzieht sich außerhalb der Komfortzone!

Das Neue kann richtig und gut sein, aber es macht auch Angst. Dennoch ist das der Weg! Ganz nach dem Motto: „Wenn du willst, was du noch nie gehabt hast, dann tu, was du noch nie getan hast" (Pereschkian 2019).

Das Wie und Wann unserer Rückmeldungen ist zentral dafür, ob diese für den therapeutischen Prozess und für unsere Klient*innen fruchtbar sein können oder nicht. Es gibt keine feste Regel, wie und zu welchem Zeitpunkt wir welche Rückmeldung geben. Natürlich sollten wir dennoch ein paar Grundregeln beachten, wenn wir unsere eigene Resonanz im Dialog zur Verfügung stellen:

Übersicht

Erstens müssen wir davon überzeugt sein, dass es im Interesse der Entwicklung unserer Klient*innen ist, diese Rückmeldung in dieser Form zu hören.

Zweitens dürfen wir unsere Rückmeldungen nicht geben, weil wir selbst in erster Linie dadurch eine affektive Entlastung erfahren.

Drittens darf die Art der Formulierung nie beschämend sein. Sie muss aus einer „fürsorglichen Position" heraus geschehen.

Viertens muss der Zeitpunkt so gewählt werden, dass die Rückmeldung nicht plump und isoliert daherkommt, sondern in Verbindung mit einer Öffnung der Klient*innen hinsichtlich des jeweiligen Themas.

Und fünftens müssen wir vor jeder pikanten Rückmeldung eine Erlaubnis einholen.

Ziel dieses Aufsatzes ist es, eine Haltung zu vermitteln, die eine Orientierung für Rückmeldungen unserer eigenen Gefühle in der jeweiligen therapeutischen Beziehung gibt. Diese Orientierung sollte zu einer vertieften und sicheren therapeutischen Haltung führen, die Freude und Neugierde am Kennenlernen sowie am gemeinsamen Prozess des Erforschen und Verstehens erhöhen. Ja, letztendlich sollte die Freude an einer authentischen und aufrichtigen Begegnung in der Psychotherapie vergrößert werden.

Im Folgenden werde ich einen einführenden Überblick zu den Konzepten Hier und Jetzt sowie Übertragung und Gegenübertragung geben. Danach werde ich kurz darauf eingehen, wie diese Konzepte in der Therapie genutzt werden können. Ich schlage darüber hinaus Haltungen für das Dialogisieren des Beziehungserlebens innerhalb der Therapie vor.

Ich schreibe diesen Text, da ich als Therapeut selbst immer wieder Unsicherheit erfahren habe oder erfahre; das ist Teil unserer Profession. Wir sind immer wieder mit starken Gefühlen konfrontiert, die unsere Klient*innen in uns auslösen. Auf manche Klient*innen freuen wir uns, andere verursachen in uns Abneigung, Langeweile, Hilflosigkeit, Minderwertigkeitsgefühle oder Aggressionen. Bei einigen fühlen wir uns wirksam, bei anderen wiederum inkompetent, hilflos und überflüssig. Bei einigen Klient*innen können wir uns gut abgrenzen, andere lösen schwierige Gefühle in uns aus, die wir mit nach Hause nehmen und vielleicht sogar mit in unseren Schlaf … Als Therapeut*innen müssen wir diese Gefühle nicht nur verstehen und aushalten. Sie sind gleichzeitig auch die wichtigste Quelle für eine Diagnostik und unsere Intervention, wenn wir die Kunst, diese in den Dialog zu bringen und für den Prozess nutzbar zu machen, immer mehr verstehen. Für mich ist dies die zentrale und spannendste Lernaufgabe und Herausforderung als Therapeut. Wir können dabei die Erwartung fallen lassen, dass wir Therapie richtig machen könnten.

> **Wir können unsere eigenen Unsicherheit im Prozess als bleibende Tatsache unserer Profession umarmen.**

Therapie ist nicht nur Wissenschaft, sondern auch Handwerk, Kunst und Begegnung. Wir können mit unseren Klient*innen einen stimmigen Weg finden. Einen Weg, der unserem Stil und unseren Unzulänglichkeiten, aber auch der Person unseres Gegenübers in seiner Eigenart und Einzigartigkeit entspricht. Aus diesem Grunde sind Selbsterfahrung und Supervision für uns Therapeut*innen so wertvoll und unumgänglich. Der erste Weg, um sicherer im Umgang mit unseren Gefühlen zu werden, ist, unsere Wirkung auf andere zu kennen und zu verstehen.

> **Übung: Welche Übertragung mache ich wahrscheinlich? Zu welcher Übertragung lade ich ein? Vor welcher Art von Beziehung scheue ich zurück?**

Das Hier und Jetzt – die Goldgrube unserer Arbeit

Grundsätzlich wird das „Hier und Jetzt" vom „Damals und Dort" als Fundament unserer Interventionen und unseres Gesprächsfokus unterschieden. Das Hier und Jetzt beinhaltet all die gegenwärtigen verbalen und nonverbalen Informationen der Gesprächsszene. Eine weitere zentrale Quelle ist unsere eigene Gegenübertragung; also all die Gefühle, Fantasien, Gedanken und Ängste, die in uns gegenwärtig – während des Gesprächs – präsent sind. Um diese Informationen zu nutzen, müssen wir in der Lage sein, unseren Fokus vom reinen Narrativ unserer Klient*innen hin zum aktuellen Erleben zu verschieben. Wir müssen quasi den Lautstärkeregler der präsentierten Geschichte herunterdrehen können und stattdessen dem lauschen, was dadurch in uns ausgelöst wird und was unser Gegenüber nonverbal im jeweiligen Moment zum Ausdruck bringt.

Das „Hier und Jetzt" gilt als einer der Grundfeiler der Gestalttherapie:

> „[...] die Einfachheit des Gestaltansatzes liegt darin, dass wir dem Offensichtlichen, der äußersten Oberfläche unsere Aufmerksamkeit zuwenden [...] Ein guter Therapeut hört nicht auf den Inhalt [...], sondern auf den Klang, die Musik, das Zögern [...] Die wirkliche Kommunikation ist jenseits der Sprache [...] Also, hört nicht auf die Worte, hört einfach auf das, was die Stimme euch sagt, beachtet, was die Bewegungen sagen, was euch die Haltung sagt, was euch die Erscheinung vermittelt."

So das Credo von Fritz Perls (2008, S. 61). Später gewann das Hier und Jetzt durch achtsamkeitsbasierte Verfahren immer mehr an Bedeutung. Im Rahmen der achtsamkeitsbasieren Verfahren bezieht sich der Fokus des Hier und Jetzt jedoch weniger auf das Geschehen in der jeweiligen Beziehung. Dort wird das Hier und Jetzt eher zur Entspannung, Selbstregulation, Emotionsregulation und zu einer vertieften und wertfreieren Selbst- und Weltwahrnehmung genutzt.

J. Winkler, *Mut zum Hier und Jetzt*, essentials, https://doi.org/10.1007/978-3-662-65854-3_2

Innerhalb der psychotherapeutischen Verfahren bekam das Hier und Jetzt einen enormen Aufschwung durch den amerikanischen Psychoanalytiker Irving Yalom. Sein Blick ist eng verzahnt mit einer interpersonalen Perspektive auf psychische Störungen und deren Therapie. In der Tradition von H. S. Sullivan liegt dem unterpersonalen Ansatz folgende Annahme zugrunde:

„Nach Sullivans Auffassung entsteht die Persönlichkeit fast ausschließlich durch die Interaktion des Menschen mit wichtigen Bezugspersonen. Das Bedürfnis, mit anderen eng verbunden zu sein, ist so grundlegend wie jedes biologische Bedürfnis und – angesichts der langen Zeit der Hilflosigkeit des Säuglings – ebenso überlebensnotwendig. Das heranwachsende Kind entwickelt in seinem Streben nach Sicherheit die Tendenz, die Charakterzüge und Selbstaspekte bevorzugt zu betonen, die von seiner Umgebung gebilligt werden, wohingegen es missbilligte Aspekte unterdrückt oder leugnet. Letztendlich entwickelt der Mensch ein Selbstkonzept, das auf diesen wahrgenommenen Urteilen wichtiger Bezugspersonen basiert. Man kann sagen, dass das Selbst aus gespiegelten Urteilen besteht." (Yalom 2010b, S. 45)

Beziehungen sind nicht nur ausschlaggebend für die Entwicklung der Persönlichkeit. Unsere Beziehungserfahrungen sind bedeutsam für unsere allgemeine Beziehungsfähigkeit und dafür, wie wir unsere aktuellen Beziehungen zu anderen gestalten. Yalom (2010a) stellt sich im Kern die Frage, wie sich die jeweilige psychische Problematik schließlich im Hier und Jetzt der therapeutischen Beziehung abbildet. Er geht dabei von zwei Grundvoraussetzungen aus:

1. Die meisten Menschen entwickeln deshalb psychische Probleme, da sie nicht in der Lage sind, befriedigende Beziehungen zu anderen Menschen zu initiieren oder aufrechtzuerhalten. Das Ziel der Therapie ist also, einen gemeinsamen Weg zu finden, wie Hindernisse für befriedigende Beziehungen erkannt und beseitigt werden können.
2. Der psychotherapeutische Raum ist eine Art „sozialer Mikrokosmos", in dem sich die Beziehungsmuster und Probleme abbilden werden. Das Hauptpotenzial der therapeutischen Beziehung liegt demnach darin, diese Schwierigkeiten gemeinsam im Hier und Jetzt zu erkennen und so Veränderung möglich zu machen.

Die therapeutische Beziehung und die gemeinsame Entwicklung dieser Beziehung dienen als Modell für sowohl korrigierende Beziehungserfahrungen und als Möglichkeit für neues Beziehungsverhalten. Das „eleganteste und komplexeste Instrument" (Yalom 2010a, S. 67) der Therapie ist dabei das „Selbst" (Yalom

2010a, S. 67) des Therapeuten. Das generelle Vorgehen besteht darin, „Hier-und-Jetzt-Entsprechungen" (Yalom 2010a, S. 68) für die jeweiligen Konflikte und Beziehungsschwierigkeiten unserer Klient*innen zu finden. Was wir anschließend damit machen können, um die Therapie voranzubringen, werde ich im letzten Punkt *Übertragung und Gegenübertragung im therapeutischen Dialog* beschreiben. Es ist nämlich nicht bei allen Beobachtungen ratsam, diese direkt mitzuteilen. Manche Beobachtungen müssen wir vorerst containen (wahrnehmen und in uns selbst halten, ohne diese auszusprechen), gerade wenn unsere Klient*innen aktuell sehr vulnerabel sind. Andere müssen wir markieren und später darauf zurückkommen (vgl. Sachse 2013). Manche können wir direkt verbalisieren und erforschen, einige wiederum können wir deuten. Bei wieder anderen sollten wir nicht zu lange mit einer Rückmeldung oder zumindest Benennung warten. Wenn wir als Therapeut*innen viele aversive Emotionen erleben und immer wieder von unseren Klient*innen entwertet werden, können wir selbst eine negative Reaktion entwickeln. Bei solchen Verläufen sollten wir nicht zu viel containen, um nicht selbst die Lust und Neugierde zu verlieren.

Der Hier-und-Jetzt-Fokus und das Dialogisieren der Hier-und-Jetzt-Erfahrungen sind einzigartige Merkmale der therapeutischen Beziehung (Yalom 2010a, 2005). Es lohnt sich, früh im therapeutischen Prozess eine Norm zu etablieren, die besagt, dass diese Art von Hier-und-Jetzt-Erleben Inhalt der Gespräche sein darf.

Auch die psychodynamischen Verfahren erkannten den hohen Nutzen des Hier und Jetzt für die Psychotherapie. Die Arbeitsgruppe um den österreichisch-amerikanischen Psychiater und Psychoanalytiker Otto Kernberg entwickelte auf der Grundlage der Objektbeziehungstheorien[1], insbesondere von Melanie Klein, die Übertragungsfokussierte Psychotherapie (Clarkin et al. 2006). Diese nutzt das Erleben innerhalb von Übertragung und Gegenübertragung, um hauptsächlich im Hier und Jetzt zu arbeiten. Sie wurde anfänglich für Borderline-Persönlichkeitsstörungen entwickelt und später für die Arbeit mit Klient*innen mit höheren Strukturniveaus erweitert (Caligor et al. 2010). Die Übertragungsfokussierte Psychotherapie bietet ein klares strukturiertes Vorgehen und ist als Therapiemanual verfügbar. Dieses Manual bietet eine äußerst hilfreiche praxisnahe Orientierung, wie wir bestimmte Beobachtungen und unser eigenes Erleben in der Psychotherapie formulieren können.

---

[1] Die Objektbeziehungstheorien verstehen sich als eine Weiterentwicklung der Psychoanalyse. Sie betonen die Qualität der frühen Beziehungen, insbesondere der Mutter-Kind-Beziehung, für die psychische Gesundheit und die allgemeine Beziehungsfähigkeit.

Der Fokus auf dem Hier und Jetzt eines Gesprächs ist eine im Kern humanistische Idee. In der gegenwärtigen Begegnung ist die Erfahrung unmittelbar. Sie lässt wenig Raum für Hierarchien und die eingenommenen Rollen verlieren an Bedeutung. Im Hier und Jetzt entsteht eine Ich-Du-Beziehung.

Möchten wir den gegenwärtigen Moment stärker für unsere Therapien nutzen, müssen wir bereit sein, die Sicherheit aufzugeben, die mit unserer Rolle als Helfer, Experte oder Heiler einhergeht.

Das Hier und Jetzt umfasst unendlich viele Informationen über unsere Klient*innen, deren Kontaktgestaltung, deren Beziehungspathologien und spezifischen Abwehrstrategien. Alles ist da im Hier und Jetzt, wir müssen nur wissen, wie wir es lesen und wie wir mit den vielen Informationen, die sich uns bieten, arbeiten können.

Wir können uns an das Hier und Jetzt herantasten, indem wir immer mehr vom Gespräch pausieren und zum Innehalten einladen. Wir können so zwischen dem Inhalt des Gesagten und dem jeweiligen Erleben im Hier und Jetzt pendeln. Sehr einfache Hier-und-Jetzt-Interventionen können eine große Wirkung entfalten, gerade auch, weil sie den Prozess entschleunigen, vertiefen und einen stärkeren Selbstkontakt herstellen. Ich sage gerne zu meinen ungeduldigen Klient*innen: In der Therapie kommen wir schneller voran, wenn wir langsamer werden!

Ich unterscheide zwischen Hier-und-Jetzt-Interventionen, die offen oder geschlossen sind, Beziehungen oder das eigene Selbst betreffen. Ich hoffe, dass die Einordnung in Tabelle 1 einen besseren Überblick über mögliche Interventions-Ebenen geben kann.

Übung: Dialogische Hier-und-Jetzt-Übung

In Seminaren machen wir folgende Partnerübung:

Jeder Partner beginnt einen Satz mit „Hier und Jetzt ... (spüre ich eine Scheu bei mir und ein Interesse)." Dann beginnt der andere mit „Hier und Jetzt spüre ich ... (meinen Atem)." Und dann wieder der andere. Dies geht etwa fünf Minuten hin und her. Die Partner werden bei der Übung spüren, dass der Kontakt unmittelbar und intensiv wird und auch gewisse Begegnungsängste spürbar werden können.

Beispiele für Hier-und-Jetzt-Interventionen (Tab. 1)

Frage	Selbst	Beziehung/Prozess
Offen	**Exploration**	**Beziehungs-/Prozessklärung**
	Wie fühlt sich das an, das zu erzählen? Das ist so ein wichtiger Satz. Sagen Sie den nochmal. Wie fühlt sich das an? Woran merken Sie in Ihrem Körper, dass Sie wütend sind? Was geht gerade in Ihnen vor?	Wie geht es Ihnen dabei, mir das anzuvertrauen? Wie geht es Ihnen dabei, sich mir so zu zeigen? Was meinen Sie, wie ich darüber denken würde? Lassen Sie uns mal einen Moment lang schauen, was da gerade zwischen uns passiert. Wer bin ich gerade für Sie? Was macht das mit Ihnen, wenn ich das sage?
Geschlossen	**„Stating what is"/Spiegeln**	**Deutungen/Konfrontation**
	Bleiben Sie einen Moment dabei; ich bleibe auch dabei. Das bewegt Sie. Das macht Ihnen Angst. Es gibt keine Worte dafür.	So eine Auseinandersetzung, wie wir sie gerade haben, war mit Ihrer Mutter nicht möglich. Das hat Sie jetzt geärgert. Jetzt haben Sie das Gefühl, von mir genauso bewertet zu werden, wie Sie das von Ihrem Vater kennen.

Übertragung und Gegenübertragung – und wie wir sie für unsere therapeutische Arbeit nutzbar machen

Die Gefühle, Wünsche, Befürchtungen und Fantasien, die wir Therapeut*innen bei unseren Klient*innen auslösen, werden *Übertragung* genannt. Die Gefühle und Fantasien, die unsere Klient*innen in uns auslösen, werden *Gegenübertragung* genannt. Im Folgenden möchte ich diese Konzepte kurz erläutern und ihre historische Entwicklung skizzieren. Auch wenn die Bedeutung dieser Konzepte eine deutliche Wandlung erfahren hat, finde ich sie nach wie vor äußerst nützlich und relevant für ein Verständnis der therapeutischen Methode und Beziehung. Bei isolierter Betrachtung der heutigen, breiten Definition könnte man sich aber auch fragen, ob man diese Begriffe überhaupt noch braucht – oder ob man nicht einfach vom *Erleben* der Klient*innen oder der Therapeut*innen sprechen könnte. In den anderen Kapiteln lege ich einen Fokus auf die therapeutische Haltung. In diesem Abschnitt versuche ich – neben der Erläuterung der Konzepte – eine praxisnahe Orientierung durch zahlreiche konkrete Interventionsideen zu geben. Viele dieser Interventionen habe ich auf meinem Lernweg aus zahlreichen Fallsupervisionen mitgenommen. Sie erweiterten mein therapeutisches Repertoire, gaben mir größere Sicherheit und Gelassenheit und waren für mich Aha-Erlebnisse.

3.1 Übertragung – vom Störfaktor zum Kernstück

Sigmund Freud führte den Begriff „Übertragung" ein. Er beobachtete bei seinen Klient*innen, dass diese ihm gegenüber Gefühle hatten, die offensichtlich nicht ihm persönlich, sondern eigentlich Menschen aus ihrer eigenen Vergangenheit galten. Er bezeichnete diese Gefühle als „Irrtum in der Zeit" (Körner 2018, S. 51) und betrachtete sie zunächst als Hindernis für eine gelingende Psychotherapie. „Die auftretenden Gefühle, Wünsche und Fantasien beziehen sich also in Wirklichkeit nicht auf die aktuelle Situation und die reale Bezugsperson, sondern

J. Winkler, *Mut zum Hier und Jetzt*, essentials, https://doi.org/10.1007/978-3-662-65854-3_3

gelten früheren Personen" (Freud (1943), GW V, S. 279; s. auch Mentzos 2008, S. 268). Später im Prozess erkannte er den hohen Wert dieser Übertragungsgefühle zum Verständnis der inneren Konflikte und psychischen Schwierigkeiten seiner Patient*innen.

Dysfunktionale Beziehungsmuster und Rollenerwartungen bilden sich im Hier und Jetzt der therapeutischen Szene ab. Dies erst ermöglicht uns den Zugriff darauf. Das Phänomen wird für Therapeut*innen „beobachtbar und für den Patienten bewusst erlebbar" (Mentzos 2008, S. 268). Das Verstehen und „Durcharbeiten" der Übertragungsbeziehung galt bald als zentraler Aspekt des therapeutischen Prozesses. Zunächst wurden unter Übertragung all die dysfunktionalen und verzerrten Gefühle, Rollenerwartungen und Fantasien in Bezug auf den Therapeuten verstanden. „Allgemein lässt sich sagen, dass Übertragungsphänomene durch eine erhebliche Rigidität gekennzeichnet sind" (Wöller und Kruse 2015, S. 232). Mentzos (2008) erläutert weiter den tiefer liegenden Sinn dessen: „[…] aus dem Bedürfnis heraus, unerledigt gebliebene infantile Wünsche und Sehnsüchte zu befriedigen, unerledigte Konflikte zu lösen oder aufsteigenden Ängsten vorzubeugen" (Mentzos 2008, S. 268). Starke Übertragungen wurzeln demnach in alten, nicht verarbeiteten Beziehungserfahrungen. Sie sind nicht nur eine dysfunktionale Wiederholung, sondern haben auch einen unbewussten Sinn. „Die Gefühle, um die es hier geht, sind authentische, echte Gefühle, die so zu erleben der Patient womöglich früher nie die Möglichkeit hatte und die erst unter den spezifischen Bedingungen der Therapie entstehen und erlebt werden können" (Mentzos 2008, S. 269).

In der frühen Psychoanalyse wurde davon ausgegangen, dass man eine klare Trennlinie zwischen den Übertragungsgefühlen und den Gefühlen der Realbeziehung zwischen Therapeut und Klient ziehen könnte. Um das Übertragungsgeschehen sichtbarer zu machen und zu verstärken, wurden die Therapeut*innen angeleitet, persönlich völlig abstinent, wie eine *weiße Leinwand* oder eine „Spiegelplatte" (Doering 2016, S. 40) zu sein. Denn so konnte man sichergehen, dass alle geäußerten Gefühle des Klienten ausschließlich aus seiner inneren Welt stammten. Sie sind damit einzig und allein auf seine Problematik zurückzuführen und nicht etwa durch die Persönlichkeit des Therapeuten verursacht oder beeinflusst. Diese Vorstellung des Beziehungsgeschehens führt natürlich zu einer enormen Machtposition und Deutungshoheit des Therapeuten. Denn er als Person hat natürlich mit dem Geschehen überhaupt nichts zu tun! Er kann sich heraushalten und alles *beim Klienten lassen*.

Im Laufe der Zeit wurde immer mehr verstanden, dass auch der Therapeut mit seiner Eigenart und seiner Persönlichkeit als reale Person etwas im Klienten auslöst. Diese Entwicklung wird als Übergang von der Ein-Personen-Psychologie zur

Zwei-Personen-Psychologie oder auch als „intersubjektive Wende" (vgl. Ermann 2014) beschrieben. Der Klient sitzt nicht weiter einer völlig abstinenten und wissenden „Spiegelplatte" gegenüber, sondern einem anderen realen Menschen: „Auch in der therapeutischen Rolle ist der Therapeut Mensch" (König 1998, S. 129). Es wurde immer mehr zwischen Realbeziehung und Übertragungsbeziehung unterschieden. Die therapeutische Beziehung wurde nun auch als eine authentische Begegnung zwischen einem Ich und einem Du verstanden. Das Buch „Ich und Du" von Martin Buber (2021) vermittelte diese Haltung und wurde in den 1960er-Jahren zu einem Kultbuch einer humanistischen Beziehungsidee. Analog zur gesellschaftlichen Entwicklung dieser Zeit sollte auch die Psychotherapie von ihren Machtstrukturen befreit werden. Diese Bewegung gab der intersubjektiven Wende und auch den humanistischen Verfahren einen enormen Auftrieb.

Letztendlich ist man zu dem vernünftigen Schluss gekommen, dass eine klare Trennlinie zwischen diesen Ebenen nicht sinnvoll gezogen werden kann. Dazu Wöller und Kruse (2015, S. 233): „Tatsächlich ist eine systematische Unterscheidung zwischen Übertragungsbeziehung und Realbeziehung nicht möglich; jede Realbeziehung enthält Übertragungselemente und jede Übertragung wird durch Aspekte der Realität des Therapeuten ausgelöst."

Nicht alles, was zwischen Klient*innen und Therapeut*innen geschieht, soll vorschnell als Übertragungsgeschehen psychologisiert werden. Dennoch ist das Modell einer eigenständigen Übertragungsebene sinnvoll und nützlich für ein Verständnis der inneren Welt unserer Klient*innen. Unsere Aufgabe ist es, selbst bei offensichtlich verzerrter Wahrnehmung unserer Klient*innen offen für die Frage zu bleiben, welche realen Aspekte oder Anteile unserer Beziehung sie damit ansprechen.

Nach heutigem Verständnis ist es „weder möglich noch sinnvoll, sich dem Aktualisierungsdruck zu entziehen und die Rollenübernahme zu verweigern" (Wöller und Kruse 2015, S. 237). Ob wir wollen oder nicht, werden wir eine Rolle in dem Spiel einnehmen, welches unsere Klient*innen als Einladung mitbringen. Dies geschieht automatisch im Prozess. Doering (2016, S. 38) bringt es auf den Punkt, indem er frei nach Watzlawik schreibt: „Man kann nicht nicht übertragen." Das gilt auch, wenn wir uns in einer Lehranalyse annähernd einer Spiegelplatte gleich haben durchanalysieren lassen. Häufig kann es sinnvoll sein, dass wir uns zunächst komplementär zum Beziehungsangebot unserer Klient*innen verhalten. Wenn wir einen sehr vulnerablen Klienten haben, der offensichtlich von uns Wertschätzung und Beruhigung braucht, können wir dies zunächst auch geben. Ganz nach dem Motto von Hinz (2002, S. 197): „Wer nicht verwickelt wird, spielt

auch keine Rolle"! Joseph Sandler (1967) spricht hier von einer „freischweben-
den Rollenübernahmebereitschaft" (siehe auch Doehring, S. 41). Im Verlaufe des
Prozesses wird es jedoch – zum Zwecke des tieferen Verstehens – notwendig sein,
unsere Beziehung vor dem Hintergrund der biografischen Beziehungserfahrungen
des Klienten und unserer Realbeziehung zu reflektieren. Wir müssen uns aus den
uns unbewusst zugeschriebenen Rollenerwartungen wieder lösen. Ein Supervisor
von mir drückt dies so aus:

> **Als Therapeut*innen sind wir in diesem Prozess eine Art** *Entfesselungs-*
> *künstler.*

Wir müssen die Fähigkeit entwickeln, zwischen unseren spontanen Bezie-
hungsinterventionen und einer distanzierteren Verstehensebene zu pendeln. Für
Psychoanalytiker ist diese Fähigkeit grundlegend für eine erfolgreiche Therapie.
Alles, was geschieht, auch unsere unbewusste Rollenübernahme, sollte im Verlauf
von uns bewusst reflektiert werden können. Sowohl Therapeut als auch Klient
müssen im Prozess der Psychotherapie die Fähigkeit zu einer „therapeutischen
Ich-Spaltung" (Sterba 1934) entwickeln. Wir müssen also zwischen unserem
spontanen Beziehungserleben und einem reflektierten Selbst hin und her pendeln können: „Wichtig ist vielmehr eine Haltung der Bereitschaft, sich auf eine
solche Rollenübernahme einzulassen und gleichzeitig eine distanzierende Haltung
einzunehmen, die notwendig ist, um die entstandene Szene zu verstehen" (Wöller
und Kruse 2015, S. 237).

3.1.1 Übertragungsformen

Negative Übertragung
Eine negative Übertragung ist die bei uns Therapeut*innen gefürchtetste. Der
Umgang damit ist herausfordernd. Manchmal ist es nicht möglich, sie in der Therapie zu überwinden und die Therapie muss vorzeitig, oft ohne großen Gewinn,
beendet werden. Unter „negativer Übertragung" versteht man überdauernd negative Gefühle, Befürchtungen und Erwartungen, die Klient*innen in Bezug auf uns
haben. Vielleicht fühlen sie sich zurückgewiesen, kritisiert, nicht beachtet oder sie
werfen uns fehlendes Interesse, fehlende Zuwendung oder gar schädliche Absichten
vor. Eine dauerhafte negative Übertragung ist für beide Seiten belastend. Wenn eine
Therapie in dieser „stecken bleibt", kann sie nicht dauerhaft erfolgreich sein, sie
kann sogar schaden.

Wir müssen also versuchen, die negative Übertragung zu überwinden, indem wir gemeinsamen mit unseren Klient*innen versuchen, zu verstehen, was vor sich geht. Wir können an diesen Stellen Deutungen anbieten oder auch persönlich und selektiv-authentisch antworten. Der klassische tiefenpsychologische Weg schlägt hier Klärung, Konfrontation (insbesondere bei „therapieschädigendem" Verhalten) und Deutung vor. Wir sollten Äußerungen und Verhalten unserer Klient*innen und Gefühle bei uns, die auf eine negative Übertragung hinweisen, sehr ernst nehmen, unmittelbar ansprechen und verstehen. Das gilt insbesondere, wenn die therapeutische Arbeit und Beziehung dadurch ernsthaft bedroht ist und wenn die Verzerrungen stark und heftig sind. Eine negative Übertragung entsteht ja häufig genau bei den Klient*innen, die auch sonst im Leben erhebliche Schwierigkeiten in Beziehungen haben. In ihrem Leben zerbrechen Beziehungen schnell und oft. Sie finden nach Kränkungen nicht wieder zurück in den Kontakt. Dazu fehlt die innere Sicherheit und sie sind zu tief und stark verletzt worden. Wenn unsere Klient*innen die Erfahrung machen, dass wir diese Gefühle von Wut bis hin zum Vernichtungswunsch aushalten, diese gemeinsam verstehen, biografisch einordnen und weiter zugewandt bleiben, kann dies sehr wirksam für eine Veränderung sein. Manchmal kann eine tragfähige Beziehung mit sehr tief verletzten Menschen erst dann entstehen, wenn sie uns auf der Bindungsebene versuchen zu vernichten (zumindest kann es sich so anfühhlen!), wir dies aushalten und dennoch zugewandt bleiben können. Das verlangt jedoch einiges von uns Therapeut*innen ab.

Wir müssen vor negativem Übertragungen keine Angst haben, wir können diese als große Chance für den therapeutischen Prozess sehen. Wir müssen jedoch die Bereitschaft mitbringen, diese auszuhalten und in dem Maße mit unserer eigenen Aggression in Verbindung stehen, dass wir dies direkt und wiederholt ansprechen können. Wir können uns insofern schützen, dass wir uns klar machen, dass nicht wir als Person gemeint sind, sondern unsere Klient*innen im Rahmen dieser negativen Übertragung in ihren eigenen Projektionen und vergangenen Beziehungen quasi feststecken. Sie reden mehr oder weniger mit ihren *inneren Objekten* und nicht mit uns. Für unsere Psychohygiene kann hier eine abstinente und distanziertere „klassische" psychoanalytische Haltung sehr sinnvoll sein. Wir treten aus dem Raum unserer unmittelbaren Gefühle heraus, nutzen sie jedoch, um mehr von dem zu verstehen, was bei unseren Klient*innen wiederholt zu Leid und Konflikten in Beziehungen führt.

Gerade bei negativen Übertragungen müssen wir zwischen einem Validieren der Gefühle unserer Klient*innen, Unterstützung und Konfrontation pendeln. Wenn wir in einer Stunde entlastet haben, können wir in der nächsten wieder stärker konfrontieren und umgekehrt. Wenn wir zu viel konfrontieren, entstehen bei uns möglicherweise Schuldgefühle. Konfrontieren wir zu wenig, stauen sich in uns vielleicht Ärger und Unmut.

Ohne Anbindung an unsere eigene Aggression im therapeutischen Raum sind weder Klärung noch Konfrontation möglich.

Wir müssen konfrontieren, um Übertragungen aufzulösen. Indem wir konfrontieren, bringen wir Klient*innen wieder in einen Realitätsbezug. Auf der anderen Seite kommen wir über das Spiegeln und Erkennen der Not unserer Klient*innen in Kontakt mit ihnen. Wir müssen also gleichzeitig sehr verständnisvoll sein und vor möglicherweise pikanten Rückmeldungen um Erlaubnis bitten. Das ist schwierig, da negative Übertragungen mit Klient*innen passieren, die oft selbst eine schwere strukturelle Problematik haben und äußerst heftige Gefühle in uns auslösen können. Gleichzeitig sind wir mit teilweise deutlichen Abwertungen konfrontiert und müssen es aushalten, für unsere Klient*innen enttäuschend und frustrierend zu sein. Wir brauchen die innere Bereitschaft, uns auch innerlich zum *bösen Übertragungsobjekt* zu machen – so wie eine gute Mutter, die zulässt, auch mal enttäuschend zu sein.

Die Übertragungsfokussierte Psychotherapie bietet technisch wunderbare Möglichkeiten, diesen Spagat gut zu meistern. Eigene Gefühle werden hier meist passiv zum Ausdruck gebracht. Statt „ich ärgere mich" würden Therapeut*innen dann sagen: „Das irritiert mich jetzt." Das macht die Beziehung allgemein weniger bedrohlich, ohne jedoch wichtige Themen oder Beobachtungen auszulassen.

Auf der anderen Seite formulieren wir vieles aus fürsorglicher Position heraus. Wenn Klient*innen beispielsweise ohne Punkt und Komma reden und wir uns mehr oder weniger überschwemmt fühlen, könnten wir sagen: „Schauen Sie, ich bin ein bisschen besorgt … Ich frage mich, ob Sie sich nicht gerade etwas verausgaben." Wenn wir das Gefühl haben, dass Klient*innen über etwas sprechen, was belanglos ist, könnten wir sagen: „Schauen Sie, ich mache mir gerade Sorgen. Sie kommen zu mir in die Therapie mit einem wichtigen Anliegen. Nun erzählen Sie etwas, wovon ich nicht sicher bin, dass es wirklich darum geht …" Oder wenn Klient*innen jedes Mal zu spät kommen und am Ende nicht gehen möchten: „Ich bin besorgt … Wir haben noch nicht verstanden, welche Bedeutung es hat, dass Sie jede Stunde zu spät kommen und dann nicht gehen können. Lassen Sie uns darüber nachdenken. Ich glaube, das ist etwas ganz Wichtiges …"

[1]Ein Klient von mir ging stets mit hohen Erwartungen in die Stunde, die ich immer wieder enttäuschen musste. In den ersten Stunden wertete er die Therapie auf unterschiedlichste Art und Weise ab. Das war durchaus schwierig für mich auszuhalten und ich hatte insgeheim den Wunsch, er möge doch nicht mehr kommen wollen. Er sagte dann am Ende der Stunde so was wie „es soll jetzt nicht böse klingen, aber die Therapie fühlt sich eher so an, wie durch Matsch zu waten". Hier muss ich natürlich zunächst klären, was er überhaupt damit meint. Er wurde in Beziehungen immer wieder enttäuscht, da er alle kindlichen unerfüllten Sehnsüchte aus seiner früheren Elternbeziehung auf aktuelle Beziehungen projizierte. Dies wiederholte sich natürlich auch in der Beziehung zu mir. Bei seiner Erwartungshaltung an die Therapie konnte er nur enttäuscht werden.

Auch hier kann ich als Therapeut sagen: „Lassen Sie uns doch gemeinsam schauen, was hier zwischen uns passiert." Dann kann ich zunächst drucklos explorieren: „Wie ist das für Sie, in Therapie zu sein und das Gefühl zu haben, kaum voranzukommen?" – „Ich glaube, es ist wichtig, dass wir dies gemeinsam verstehen." Ich kann mich auch selektiv öffnen: „Egal, ob ich heute den Eindruck habe, dass wir ein gutes Gespräch hatten. Am Ende vermitteln Sie trotzdem das Gefühl, dass Sie enttäuscht sind und nicht genug bekommen haben." – „Puh, da ist ja doch eine ganz schöne Entwertung drin. Sie betonen zwar, dass das nicht böse gemeint ist, aber es ist doch eine ganz schöne Entwertung." Damit benenne ich erst einmal die Vorgänge. In gewisser Hinsicht verschaffe ich mir damit Luft und verstricke mich weniger in der mir zugewiesenen Rolle des entwerteten, versagenden und enttäuschenden Objekts. Irgendwann im Verlauf würde ich dann vor dem Hintergrund der bereits verstandenen Konfliktthemen probehalber eine erste Deutung einbringen: „Kann es sein, dass Sie genauso hohe Erwartungen an Beziehungen haben wie Ihr Vater an Sie? Und dass unsere Beziehung genauso enttäuschend ist wie die zu Ihrem Vater und Sie diese entwerten müssen? Dieses Entwerten führt dann dazu, dass Sie in Beziehungen immer wieder alleine sind." – „Wie kommt das, was ich Ihnen gerade gesagt habe, bei Ihnen an, was erreicht Sie davon?"

Aggressionen, Enttäuschungen, Entwertungen und Frustrationen auszulösen ist kein besonders erhebendes Gefühl. Ein Supervisor von mir sagte einmal, dass er es lieber hat, wenn Klient*innen auf ihn ärgerlich sind als auf sich selbst. Solche sehr schwierigen eigenen Gefühle sollten wir nicht einfach *wegcontainen*. Wenn wir dies tun, laufen wir Gefahr, uns innerlich aus der Beziehung zurückzuziehen, weil auch

---

[1] Bei Fallvignetten kann nie ganz ausgeschlossen werden, dass Klient*innen sich selbst erkennen oder erkannt werden. Aus diesem Grund verzichte ich auf reale Darstellungen. Alle von mir ausgewählten Fallbeispiele sind fiktiv. Ich habe hier ähnliche Erfahrungen mit ähnlichen Klient*innen zu didaktischen Zwecken aufgearbeitet.

wir uns schützen. Wir sollten unsere Gefühle auch benennen, sonst gehen wir aus dem Kontakt und verlieren die Lust am gemeinsamen Verstehen.

Mild positive Übertragung

Eine mild positive Übertragung wird als eine ideale Voraussetzung für einen gelingenden therapeutischen Prozess gesehen. Häufig sind damit positive Eltern- oder Geschwisterübertragungen gemeint. Klient*innen stellen grundsätzlich unsere Zugewandtheit und unser aufrichtiges Interesse, ihnen zu helfen, nicht infrage. Sie fühlen sich durch uns unterstützt und verstanden und sind so auch bereit, gewisse Risiken in der Therapie einzugehen. Eine mild positive Übertragung wird im „klassischen" Verständnis der tiefenpsychologischen Methode nicht gedeutet oder dialogisiert, sondern als konstruktives Arbeitsbündnis genutzt.

Übertragungsliebe

Unter Übertragungsliebe wird nicht unbedingt ein Verliebtsein im erotischen Sinne verstanden. Sie kann sich sehr viel subtiler in allmählichen und sich mehrenden Überschreitungen des therapeutischen Settings äußern. Therapiestunden werden überzogen, wir oder unsere Klient*innen schwelgen auch außerhalb der Sitzungen in Gedanken über die Therapie, wir freuen uns in außergewöhnlicher Art und Weise auf die nächsten Sitzungen, wir besprechen die Prozesse nicht in Supervisionen, weil es ja „ach-so-gut läuft". Wir wollen Therapien nicht beenden oder bieten nach den Therapien weiteren Kontakt an. Wir werden beschenkt oder mit Lob überschüttet.

Eine solche ausagierte und unverstandene Übertragungsliebe kann sich negativ auf die Tiefe des therapeutischen Verstehens auswirken. Deshalb sollte sie erkannt, gemeinsam verstanden und die Grenzen des therapeutischen Settings sollten wieder hergestellt werden.

Ich erinnere mich hier an eine ältere Klientin, welche die Stunden mit mir sehr lobte, mir kleine Aufmerksamkeiten mitbrachte und regelmäßig Buchtipps gab. Ich erwähnte sie zunächst überhaupt nicht in meinen Supervisionen, da die Therapie so wunderbar lief und ich sogar insgeheim das Gefühl hatte, dass die Supervision dieses vertraute Verhältnis stören könnte. Ganz allmählich spürte ich eine wachsende Befangenheit im Umgang mit der Klientin. Ich merkte gar nicht, wie sehr ich mich kontrollieren ließ, wie sehr sie mich mit ihrer Freundlichkeit und den kleinen Geschenken kontrollierte. Ähnlich wie bei ihrem Sohn suchte sie auch bei mir das ideale Objekt. Und ähnlich wie ihr Sohn fühlte ich mich zunehmend bedrängt und ärgerte mich über ein Verhalten, das ich als übergriffig erlebte. Ich traute mich kaum noch, sie zu konfrontieren. Sie konfrontierte mich jedoch sofort, wenn ich mit meiner Aufmerksamkeit nicht voll und ganz bei ihr zu sein, in ihrer Wahrnehmung emotional nicht verfügbar schien. Sie sagte dann so etwas wie „Heute sind Sie so anders" oder „Ich habe das Gefühl, Sie interessiert dieses Thema nicht". Wenn ich sie fragte, was sie meinte, antwortete sie, sie erlebe mich als müde, zerstreut oder nicht im Bilde, was wir in der letzten Stunde besprochen hatten. Es fühlte sich auch weniger wie eine Sorge mir gegenüber an, sondern mehr wie eine Enttäuschung und Kritik. In meiner verstrickten Position mit ihr habe ich natürlich sofort geantwortet, dass ich mich sehr wohl für dieses Thema interessiere.

Wenn ich an dieser Stelle direkt antworte, um zu besänftigen – so wie ich dies in meiner Befangenheit getan habe –, verpasse ich die Chance, ein bekanntes Konfliktthema der Klientin im Rahmen unserer Beziehung zu verstehen. Heute würde ich zurückgelehnter zunächst explorieren:

- „Wie ist das für Sie, mich heute anders/wenig interessiert zu erleben?"
- „Wann ist Ihnen dieser Gedanke das erste Mal gekommen?"
- „Wie verstehen Sie das, dass Sie mich heute so erleben?"
- „Wie verändert das Ihre Beziehung zu mir?"
- „Was befürchten Sie infolgedessen?"

Natürlich bin ich auch als Realperson involviert. Ich sollte mich selbst nicht komplett heraushalten und mich fragen, ob sie mit ihrer Beobachtung vielleicht recht hat. Vielleicht habe ich tatsächlich nicht viel geschlafen oder ich bin in Sorge um Menschen in meinem Privatleben oder ich habe selbst ungelöste Konflikte, die mich einnehmen … Wenn das zutrifft, kann ich das durchaus benennen, da ich sonst meine Klientin mit einer Wahrnehmung stehen lasse, die sie selbst nicht einordnen kann. Wenn ich mich persönlich bei einer solchen Beobachtung oder Frage ganz heraushalte, dann bleibt eine Unterbrechung im Kontaktfluss, die nicht in unserer Beziehung bearbeitet werden kann. Vor dem Hintergrund der Bindungsebene ist es wichtig, dass wir auch persönlich antworten. Dabei ist es gar nicht so wichtig, wie offen wir hier sind. Es muss zu unserem eigenen Stil und unserer Persönlichkeit passen. Nach Schulz von Thun können wir hier „selektiv-authentisch" (v. Thun 2021, S. 66) sein. Ganz nach seinem Motto: Alles, was du sagst, soll echt sein, aber nicht alles, was echt ist, sollst du sagen. Ich gehe gerne so vor, dass ich bei einer solchen Rückmeldung so etwas sage wie: „Ich antworte gerne auf Ihre Frage/Ihre Beobachtung. Vorher habe ich aber ein paar Fragen an Sie, um besser verstehen zu können, was hier gerade zwischen uns geschieht."

Manche Therapeut*innen antworten auch direkt und explorieren dann. Wir sollten es jedoch weder ausschließlich bei einer persönlichen Antwort noch bei einem abstinenten und zurückgelehnten Explorieren und Deuten belassen. Das eine würde den Prozess nicht voranbringen und wir würden uns weiter verstricken, das andere würde eine Unterbrechung auf der Bindungsebene bedeuten.

Des Weiteren könnte ich mich fragen, ob diese Szene ein Konfliktthema der Klientin berührt. Diese Klientin hatte wiederkehrende Konflikte in Bezug auf die Regulierung von Nähe und Distanz in Beziehungen. Zu viel Distanz machte ihr Angst und sie versuchte Nähe über starke Kontrolle in Beziehungen aufrechtzuerhalten. Nachdem wir verstanden hatten, was in dieser Szene zwischen uns ablief, konnte diese Szene nun vor dem Hintergrund ihrer eigenen Konflikte und Biografie gedeutet werden. Manchmal genügt es auch, auf dieses Thema zu verweisen, indem wir etwa sagen: „Sehen Sie, ein sich wiederholendes Thema in Ihren Beziehungen ist ja das Pendeln zwischen Nähe und Distanz. Sie erleben mich heute distanzierter. Und in der Tat ist eine Distanz zwischen uns immer wieder nötig, um gemeinsam auf unseren Prozess schauen zu können."

Erotische Übertragung

Bei der erotischen Übertragung sind Liebesgefühle, erotische und sexuelle Fantasien und mögliche Beziehungswünsche im Spiel. Erotische Gefühle entstehen nicht selten zu den jeweiligen Therapeut*innen. Der hohe Grad an Intimität und Vertrautheit kann Bedürfnisse nach Verschmelzung, sowohl seelisch als auch körperlich, auslösen. Auch diese Gefühle stehen einer erfolgreichen Therapie im Wege, wenn sie nicht erkannt und verstanden werden.

Therapeut*innen dürfen diese Fantasien nicht heimlich genießen. Häufig ist es mit Scham und Hemmungen verbunden, solche Gefühle anzusprechen, wenn wir glauben, dass diese eine Rolle spielen – sowohl bei uns Therapeut*innen als auch bei unseren Klient*innen! Dennoch sollten wir bei solchen Entwicklungen nicht lange warten und offen fragen, ob auch Liebesgefühle eine Rolle spielen könnten. Diese Gefühle sollten einerseits im Rahmen eines so vertrauensvollen Prozesses normalisiert und andererseits sollte ihre Funktion hinterfragt werden, damit sie die Therapie voranbringen und nicht unterwandern.

Wenn sich unsere Klient*innen aufreizend in den Therapien anziehen, so könnten wir sagen: „Sie zeigen mir heute viel von sich" (vgl. Doering 2016). – „Welche Gedanken gingen Ihnen heute vor der Therapie durch den Kopf?" – „Wie ist das, wenn ich Sie darauf anspreche?"

Den letzten Satz würde ich immer anfügen, da wir so ein Gefühl dafür bekommen, wie es bei unserem Gegenüber ankommt, wenn wir ein so sensibles Thema ansprechen. Wir wollen schließlich nicht beschämen und wir wollen auch nicht flirtend oder übergriffig wirken. In der Art, wie wir fragen, werden unsere Klient*innen dies jedoch merken. Wenn Männer mit uns flirten, könnten wir dies etwa so benennen: „Ich habe den Eindruck, Sie flirten mit mir?" Je nachdem, wie aggressiv das Flirten daherkommt, können wir auch unterschiedlich stark konfrontieren: „Das irritiert mich jetzt ... Sie kommen in Therapie, weil Sie eine Not haben und

Schwierigkeiten im Leben und nun verbringen Sie das Gespräch damit, mit mir zu flirten … Worüber müssen wir hier nicht sprechen, wenn Sie mit mir flirten?"

3.1.2 Techniken, die Übertragung verstärken

Rollenerwartungen und alte Beziehungsgefühle unserer Klient*innen werden umso stärker auf uns übertragen, je weniger wir als Person spürbar und sichtbar sind. Das ist logisch, da genau so lange alles auf unsere Innenwelt zurückgeführt werden kann, wie ein Gegenüber abwesend ist, das mit dieser Innenwelt interagiert. Bei neurotischen Klient*innen kann es sinnvoll sein, die Intensität der Übertragungsgefühle zu verstärken, um die Affekte der jeweiligen Konflikte sichtbarer und spürbarer zu machen und damit erst einen gemeinsamen Zugriff darauf zu bekommen.

Zu diesem Zweck halte ich mich als Person zurück. Ich versuche, die Bedürfnisse meiner Klient*innen nicht durch mein therapeutisches Handeln zu erfüllen. Ich versuche, ihren Äußerungen und auch meiner Resonanz darauf so abstinent und neutral wie möglich zu begegnen. Ich entlaste nicht durch direkte Antworten, sondern orientiere mich an dem „Prinzip Deutung" (Heigl-Evers und Nitzschke 1991). Wenn mich beispielsweise ein Klient fragen würde, ob ich gerade kein Interesse an dem hätte, was er zu sagen hat, so würde ich nicht persönlich antworten: „Doch, habe ich wirklich!", um ihn unmittelbar zu beruhigen. Ich würde mich selbst eher zurücknehmen und interessiert nachfragen:

„Wie ist das im Moment, mich gerade so zu erleben?"
"Wann ist Ihnen dieser Gedanke heute das erste Mal gekommen?"
„Wie ist es, das gerade in Beziehung zu mir auszusprechen?"
„Wie ist es für Sie, mich gerade als jemanden zu erleben, der sich nicht für Sie interessiert?"

Eine Klientin, mit einem recht ruppig und aggressiv wirkenden Kontaktverhalten, kam in einer Stunde zu mir und fragte: „Ist das schrottige Fahrrad da vor der Tür Ihr Fahrrad?" Sie hatte mich damit sofort. Ich fühlte mich befangen und stammelte: „Das Fahrrad ist ein durchaus gutes Fahrrad." Sie sagte weiter: „Aber das Rücklicht ist kaputt." Ich rechtfertigte mich weiter, dass das Rücklicht in Takt sei, dass lediglich die Rückblende fehle … Sie hatte mich damit in die Defensive gebracht. Ich blieb auf meinem Ärger sitzen und wir konnten daraus keinen Gewinn für die Therapie ziehen.

Heute würde ich dies nicht persönlich nehmen, sondern als eine interessante und auffällige Art der Kontaktaufnahme sehen. Ich würde eher drucklos explorieren und so etwas fragen wie: „Lassen Sie uns gemeinsam verstehen, was hier gerade passiert. Es geht überhaupt nicht darum, dass es nicht okay ist, sondern dass wir diese Interaktion einmal anschauen. Ist das in Ordnung für Sie?" – „Wie ist es für Sie, einen Therapeuten zu haben, von dem Sie meinen, er habe ein schrottiges Fahrrad? Wie verändert dies Ihre Beziehung zu mir?" Und vielleicht würde ich im Sinne der besseren Mentalisierung fragen: „Was glauben Sie, was dieser Satz bei mir auslöst?" Je nach Antwort würde ich dann weiter fragen, ob Sie diese Reaktion von anderen Menschen aus ihrem Leben kenne. So könnten wir uns dann allmählich zu ihren Konfliktthemen und Schwierigkeiten vorarbeiten. Unsere kleine Szene wäre damit ein richtiger Gewinn für Ihren Erkenntnisprozess.

Wöller und Kruse (2015, S. 252) schlagen allgemein vor, „keine genetischen Deutungen vor Klärung der aktuellen Beziehung" zu geben. Bevor wir also ein Verhalten im Zusammenhang mit biografischen Konflikten deuten, sollten wir zunächst einmal ihre Bedeutung für unsere Beziehung verstehen.

Interessanterweise sind unsere Klient*innen häufig gar nicht an einer unmittelbaren Antwort interessiert. Manchmal sind sie sogar insgeheim enttäuscht, weil diese Form der Alltagskommunikation keine tieferen Erkenntnisse birgt und wir damit vermitteln, dass wir die so entstandene Spannung nicht aushalten – und direkt beseitigen wollen. Auf unbewusster Ebene kommunizieren wird damit, dass wir nicht belastbar sind. Meine grundlegende Herangehensweise wäre auch nicht – im Sinne der korrigierenden Beziehungserfahrung –, die Bedürfnisse der Klient*innen zu befriedigen, indem ich sie etwa beruhige, bestärke, tröste oder besänftige. Ich würde den Fokus eher auf ein tieferes Verstehen dieser Bedürftigkeit an sich legen als auf die Beseitigung derselben durch meine Interventionen.

Natürlich sollte dies nie dogmatisch erfolgen. Wenn ein Klient einen Schicksalsschlag erlebt hat, werde ich natürlich emphatisch und authentisch darauf reagieren und der Trauer und Ohnmacht Raum geben. Wenn es um existenzielle Themen und Schicksalsschläge geht, dürfen wir nicht technisch vorgehen, sondern können dies lediglich von Mensch zu Mensch begleiten.

Das Prinzip Deutung wende ich in Bezug auf die neurotische Beziehungsgestaltung und die unbewussten Wege zur Erfüllung der eigenen, oft unbewussten Beziehungswünsche an. Auch ein liegendes Setting, eine höhere Therapiefrequenz oder eine allgemeine Prozess- und Zieloffenheit innerhalb der Therapie können die Übertragungsgefühle verstärken.

3.1.3 Techniken, die Übertragung abschwächen

Die Übertragungsgefühle fallen insgesamt schwächer aus, je mehr wir als Gegenüber spür- und sichtbar sind. Ein Lösungs-, Fokus- und problemorientiertes Arbeiten lässt weniger Raum für die möglichen Nuancen und Konflikte der therapeutischen Beziehung. Ebenfalls führt ein direktes Gegenübersitzen häufig zu einer unmittelbaren Korrektur von Übertragungsgefühlen, die sich deshalb nicht weiter ausbreiten können.

Eine meiner Klientinnen war sich sicher, dass ich sie stark dafür bewerten und vielleicht auch insgeheim ablehnen würde, wenn sie mir etwas erzählt, was sie bis dahin verschwiegen hatte. Sie erzählte, wandte ihren Blick ab und versank buchstäblich in Grund und Boden. Als ich sie bat, mich anzuschauen, lösten sich diese Gefühle unmittelbar in ihr auf, da sie in meinem Blick nichts von diesen Befürchtungen und Fantasien bestätigt finden konnte.

Eine allgemein supportive Haltung führt eher zu geringer ausfallenden Übertragungsgefühlen – zumindest negativen. Ein rein supportiver Stil kann jedoch das Potenzial einer Therapie nicht gänzlich erfüllen, da eigene aktive Anteile an Konflikten häufig unerkannt bleiben und die Verantwortung daran abgegeben wird. Das gilt für alle Situationen, in denen unsere Klient*innen zunächst Opfer zu sein scheinen. Das können Menschen sein, die sich in Beziehungen wiederholt bedrängt und übergriffig behandelt fühlen oder, scheinbar ungerecht, verlassen werden. Wenn wir uns als Therapeut*innen zu einem rein supportiven Stil verleiten lassen, so verpassen wir dabei die Chance, den aktiven, häufig abgespaltenen Anteil an diesen Situationen zu erkennen und damit wirklich eine Veränderung zu bewirken. Denn Klient*innen haben nur auf ihre eigenen Verhaltensweisen Zugriff (und weniger auf die ihrer Mitmenschen). Therapie sollte immer auch zum Ziel haben, die unintegrierten, abgespalteten und verdrängen Anteile unserer Klient*innen zu erkennen und so eine Integration zu ermöglichen. Das geht natürlich nur in dem Rahmen, in dem wir unsere eigenen Schattenseiten kennen und integriert haben.

> **Unsere eigenen Grenzen bilden die Grenzen für die Therapie.**

Der Begründer der Potenzialorientierten Psychotherapie Wolf Büntig (1934–2021) drückte dies so aus: Um unsere Klient*innen in ihren Keller begleiten zu können, müssen wir uns in unserem eigenen Keller auskennen.

Wir müssen also unsere eigenen Schattenseiten kennen und keine Angst vor starken Fantasien oder Gefühlen haben, um unsere Klient*innen dorthin begleiten zu können, wo sie alleine nicht hingehen können.

In der Psychoanalyse wird der therapeutische Stil der Übertragungen abschwächt „Prinzip Antwort" (Heigl-Evers und Nitzschke 1991) genannt. Im oben genannten Beispiel würden wir bei sehr vulnerablen Klient*innen oder in existenziellen Notlagen selektive und authentische persönliche Antworten geben, hier sollten wir sowohl sehr klar als auch sehr verständnisvoll sein. Gerade Klient*innen mit einer narzisstischen Persönlichkeitsstruktur können eine Beziehung nicht halten, wenn diese subjektiv bedrohlich für sie wird. Das kann sein, wenn wir zu konfrontativ oder wenig wertschätzend sind oder der therapeutische Raum zu sehr angstbesetzt ist. Hier brauchen wir viel Fingerspitzengefühl, um zu spüren, wo sich diese Grenze bei unseren Klient*innen befindet und wo an dieser Grenze wir uns im therapeutischen Prozess verorten können.

3.2   Gegenübertragung – Zwischen Containment und Kommunikation

Als Gegenübertragung wird heute die Gesamtheit des Erlebens verstanden, das wir Therapeut*innen im Kontakt mit unseren jeweiligen Klient*innen haben. „Unter Gegenübertragung versteht man die gefühlsmäßige Reaktion des Therapeuten auf den Patienten. Diese hängt erstens mit den Besonderheiten der vom Patienten entgegengebrachten Übertragung und zweitens mit Persönlichkeitstendenzen des Therapeuten selbst zusammen" (Mentzos 2008, S. 269). Historisch gesehen bezeichnete Gegenübertragung jedoch ausschließlich den Aspekt unseres Erlebens, mit dem wir auf der Ebene der Übertragungsbeziehung reagieren. Gegenübertragung hat also in der ursprünglichen Bedeutung gar nichts mit unserer eigenen Persönlichkeit und unseren eigenen Themen zu tun. Hauptbestandteil der therapeutischen Ausbildung war die Lehranalyse. Wenn diese erfolgreich war, so könnten alle starken Gefühle des Therapeuten ausschließlich auf die Pathologie ihrer Patient*innen zurückgeführt werden, da sie selbst durch die Lehranalyse eine durch und durch aufgeklärte „Spiegelplatte" würden, die „nichts anderes [zeigt], als was ihm gezeigt wird" (Freud 1912/1999, S. 384, zitiert in Doering 2016, S. 40). Psychoanalytiker in der Vergangenheit waren der Überzeugung, „die Reaktionen eines gut analysierten, nicht neurotischen Analytikers würden nur durch die Übertragungen des Klienten hervorgerufen" (König 1998, S. 12).

Auch hier bildet sich eine heftige Asymmetrie zwischen Klient*in und Therapeut*in ab und die therapeutische Beziehung wird nicht annähernd als eine „reale konflikthafte Beziehung" gesehen. Ursprünglich wurden Gegenübertragungsgefühle überhaupt nicht in der therapeutischen Beziehung mitgeteilt. Die Aufgabe des Therapeuten war, diese Gefühle vollständig wahrzunehmen und innerlich zu halten. Erst mit den humanistischen Strömungen, des interpersonalen Ansatzes nach Yalom oder der Übertragungsfokussierten Psychotherapie nach Kernberg wurden Haltungen entwickelt, die ein Mitteilen der eigenen ausgelösten Gefühle nicht nur erlauben, sondern ausdrücklich für eine gelingende Therapie empfehlen. Die jeweiligen Schulen unterscheiden sich jedoch in der Art und Weise, wie das eigene Erleben in die Beziehung *gebracht* wird.

Die humanistischen und zum Teil interpersonalen Ansätze haben eine große Offenheit dafür, dass wir Therapeut*innen uns „kongruent" in Beziehung zeigen und auch unsere eigenen Gefühle und Erfahrungen selektiv-authentisch offenbaren. Ganz nach dem Motto, dass Offenheit bei uns auch zu Offenheit bei unseren Klient*innen führt. Dieses Vorgehen hat Vor- und Nachteile. Ein großer Vorteil ist natürlich, dass wir als Menschen spürbar sind und eine gewisse Vorbildfunktion in Sachen Offenheit innerhalb von Beziehung einnehmen. Wir sind für unsere Klient*innen emotional verfügbar, es kann schnell eine tragfähige Bindung entstehen. Es gibt jedoch zwei wesentliche Nachteile: Der erste besteht darin, dass wir als Therapeut*innen verleitet sein könnten, uns selbst durch unsere Öffnung emotional zu entlasten. Hier würden wir unsere Rolle verlassen. Ein weiterer Nachteil kann darin bestehen, dass Klient*innen unsere Äußerungen nicht für sich verwerten können, da Sie diese schlicht und einfach *bei uns lassen*. Das ist insbesondere bei Menschen mit einer starken Abwehr der Fall. Dazu möchte ich ein Beispiel bringen:

Ich hatte eine Klientin, bei der sich in den Stunden immer wieder folgendes Muster wiederholte: Sie erzählte scheinbar unbeteiligt über ein Erlebnis aus ihrem Alltag, irgendwann riss der Erzählfaden ab, sie fixierte mich mit ihrem Blick und es kam zu einer langen angespannten Stille. Bei mir entstand wiederholt eine starke Unsicherheit, ja auch ich verlor in dieser Atmosphäre die Verbindung zu mir und mir kamen keinerlei Fragen. Mit Mühe konnte ich in dieser Atmosphäre einen Gesprächsfaden aufnehmen; er entstand jedoch nicht aus Interesse, sondern aus dem Wunsch, die Spannung in dieser gehaltenen Atmosphäre zu lösen. Später wurde deutlich, dass die Klientin zutiefst verunsichert war und fürchtete, nicht interessant zu sein und als Reaktion darauf in einer unbewussten Abwehrhaltung begann, die Situation und mich mit ihrem Blick zu kontrollieren. Gemäß meiner humanistischen Haltung offenbarte ich, wie es mir in diesen Situationen ging. Da der Vorgang jedoch höchst unbewusst für die Klientin war, konnte sie auf meine Äußerung, dass diese Form der Stille und ihr fixierender Blick in mir eine Unsicherheit auslösten, nur achselzuckend antworten: „Geht es Ihnen häufiger so?" Ich konnte mit dieser Selbstoffenbarung diese starke Abwehr weder verstehen noch auflösen. Später erfuhr ich durch meine Supervision Techniken der Übertragungsfokussierten Psychotherapie, welche ich als sehr nützlich empfand. Dort wird die eigene Gegenübertragung in der Regel nicht persönlich, sondern *klientenzentriert* mitgeteilt. Ich empfinde also in mir eine Ohnmacht, eine starke Unsicherheit und Blockade und nehme dieses Erleben als eine Hypothese für das Erleben meines Gegenübers. Ich frage dann: „Kann es sein, dass Sie sich in diesem Moment unsicher, ohnmächtig und blockiert fühlen?"

Wir Therapeut*innen haben unsere eigenen blinden Flecken und reagieren auf manche Klient*innen tatsächlich mit Antipathie oder negativen Gefühlen. Auch hier kann eine selektive Mitteilung unserer Gefühle wichtig für die Beziehung sein: „Der Klient spürt zumindest in vager Weise etwas von der Gegenübertragung seines Analytikers und er benötigt dessen emotionale Resonanz ebenso wie dessen klaren Kopf" (König 1998, S. 128). Ich denke, wir sollten beides anbieten: Wir sollten uns zunächst zurücklehnen, drucklos explorieren und klären, um dann aber auch emotional spürbar eine persönliche Rückmeldung zu geben. Wenn ein Klient zu mir sagt: „Ich schäme mich gerade und habe den Eindruck, Sie werten mich für das, was ich gesagt habe, ab", dann entgegen ich: „Ich antworte später gern auf Ihre Frage, habe aber zunächst selbst ein paar Fragen an Sie."

So halte ich mich zurück, was dem Erkenntnisprozess dienlich ist, ich halte mich aber auch nicht heraus, was für die Bindungsebene zentral ist.

Genau wie bei der Übertragung wurde auch bei der Gegenübertragung deutlich, dass es erstens eine Realbeziehung gibt und zweitens die Trennlinie zwischen Gegenübertragungsgefühlen und Realbeziehung nicht trennscharf sein kann. „Nach wechselnden Begriffsbeschreibungen hat sich eine breite Definition von Gegenübertragung durchgesetzt. Ihr zufolge verstehen wir unter Gegenübertragung die Gesamtheit aller unserer emotionalen Reaktionen, die im Kontakt mit einem Patienten entstehen, mögen sie nun ihren Ursprung im Patienten oder in uns haben" (Heimann 1950, zitiert in Wöller und Kruse 2015, S. 257). Die Deutungshoheit verschob sich immer mehr vom Analytiker auf den therapeutischen Prozess an sich, der als intersubjektiver hermeneutischer Verstehensprozess gesehen wurde. Der Therapeut hatte nicht mehr die Wahrheit, die er nur noch dem unwissenden und unbewussten Klienten mitzuteilen brauchte. Er selbst nahm als fehlbare Person in einem Prozess teil, aus dessen Verständnis sich eine subjektive Wahrheit ergibt, die stimmige Deutungen möglich macht. Jedoch muss auf das Konzept einer objektiven Wahrheit verzichtet werden. Unsere Gegenübertragungsgefühle haben einen Wandel von einer Störquelle hin zu einem wichtigen diagnostischen und Erkenntnisinstrument erfahren: „Bestimmte gefühlsmäßige Reaktionen des Therapeuten machen ihn auf Besonderheiten des Patienten aufmerksam, die er sonst womöglich übersehen würde" (Mentzos 2008, S. 269).

Nach wie vor ist Selbsterfahrung der zentrale Bestandteil der Ausbildung von uns Therapeut*innen. Klient*innen lösen nicht nur Gefühle von Sympathie, Empathie und Mitgefühl in uns aus. In Beziehung mit ihnen – wie auch mit allen Menschen – erleben wir das ganze Spektrum von Gefühlen, Gedanken und Fantasien. Manchmal fühlen wir uns über die Gespräche hinaus belastet, sind in Sorge, in Ärger, fühlen uns ohnmächtig, benutzt oder manipuliert. Wir müssen uns selbst sehr gut kennen, unsere Gefühle einordnen können, auch unter der Bedingtheit unserer eigenen Biografie, um weiterhin eine fragende, verstehende, unbefangene, zugewandte und neugierige Haltung unseren Klient*innen gegenüber einnehmen zu können. Wenn wir das nicht tun und wir unbewusst über dem Beziehungsgeschehen bleiben, sind wir verleitet, eine Rolle zu spielen, in der bekannte Beziehungsmuster der Klient*innen wiederholt werden und eine Lernerfahrung damit ausbleibt. Oder wir sind verleitet, unsere Gegenübertragung „auszuagieren": Wir lassen unseren Ärger an Klient*innen aus, um uns „Luft zu machen", wir „vergessen" Termine, wir werden „streng" oder aber wir weiten das Setting, indem wir die Stunden überziehen, uns auch außerhalb der Therapiestunden mit unseren Klient*innen schreiben oder uns erotischen Fantasien hingeben. „Eines der Ziele der Lehranalyse [...] ist die Bewusstmachung, Verarbeitung und nach Möglichkeit auch der Abbau der neurotischen Komponente dieses [...] Anteils der Gegenübertragung" (Mentzos 2008, S. 269). „Wir müssen damit rechnen, dass Gegenübertragungsreaktionen typischerweise eine Mischung aus Reaktionen sind, die vom Patienten induziert wurden, und solchen, die ihren Ursprung in unserer eigenen Konflikthaftigkeit haben" (Wöller und Kruse 2015, S. 258). Wir müssen unterscheiden können, welche Gefühle in uns in welchem Maße aus eigenen Themen resultieren oder durch die Klient*innen ausgelöst werden. Das geht natürlich nicht mit exakter Genauigkeit, aber ausreichend genau, um im Prozess orientiert zu bleiben.

Äußerst hilfreich und sinnvoll finde ich die Aufteilung der Gegenübertragung in vier Teilaspekte (Clarkin et al. 2006, S. 62, zitiert in Doering 2016, S. 41):

1. die Reaktion des Therapeuten auf die neurotische Übertragung des Klienten
2. die Reaktion des Therapeuten auf die Realität des Klienten

3. die eigene neurotische Übertragung des Therapeuten auf den Klienten
4. die Realität des Therapeuten

Beispiele

1. Der Therapeut wird ärgerlich, bei abgespaltener Wut des Klienten.
2. Der Therapeut spürt eine große Betroffenheit bei einem aktuellen Verlust des Klienten.
3. Der Therapeut wird ärgerlich und ungeduldig, weil er das Gefühl hat, der Klient sei faul und erbringe keine gute Leistung.
4. Der Therapeut ist müde und zerstreut, weil er schlecht geschlafen hat.

Keine Angst vor Konfrontation – gehen Sie Risiken ein und ermutigen Sie Ihre Klient*innen ebenfalls dazu

4

Wir konfrontieren unsere Klient*innen, wenn wir sie etwas fragen oder auf etwas ansprechen, was mit ihren bewussten oder unbewussten Vorstellungen von sich bricht oder sie auf Widersprüche hinweist. Konfrontation ist also notwendig, um aus dem Raum des bereits Bewussten und Verstandenen in neues Gelände aufzubrechen. Wenn wir das Hier und Jetzt der therapeutischen Szene zum Gesprächsthema machen, ist dies fast immer auch eine Konfrontation. Wir bewegen uns dann gemeinsam aus dem Raum des Bekannten in etwas Schwebendes, gemeinsam noch nicht Verstandenes. Häufig entsteht darüber ein intensiver Kontakt, vor dem sowohl Klient*innen und auch Therapeut*innen zurückschrecken können. Aber genau in diesen Momenten kann eine Begegnung entstehen, die tiefer wirkt und als Erfahrung unmittelbarer ist als Worte. In der Psychoanalyse werden diese Erfahrungen „Now Moments" (Stern et al. 1998, S. 302) genannt. Es sind wache Momente präsenter Begegnung. Sie bringen die Therapie voran und führen häufig zu einem tieferen Verstehen oder *Aha-Erlebnis.* „Natürlich gibt es zwischen ‚verständlich' und ‚unverständlich' allerlei Dunkelgrade, aber der Übertritt von einem Noch-nicht-ganz-Verstandenen zum ‚jetzt verstehe ich' ist mit einer klaren Linie markiert: einem Evidenzerlebnis" (Lorenzer 2016, S. 84). „Now Moments" können die Qualität solcher Evidenzerlebnisse haben.

Die ursprüngliche Wortbedeutung *con-frons* bedeutet, gemeinsam an eine Grenze zu gehen. In den therapeutischen Gesprächen bewegen wir uns letztendlich ständig an dieser Grenze. Wir wollen nicht ausschließlich in der gemeinsamen Komfortzone bleiben, dort wäre keine Entwicklung möglich. Wir wollen uns aber auch nicht ständig über der Grenze bewegen; das wäre eine Überforderung und auch hier wäre eine Entwicklung nicht möglich. Da wir mit einer Konfrontation bisher Unbekanntes und Unverstandenes ansprechen, muss sie zu einer Irritation führen. Manchmal führt sie zu Stille, manchmal zu Trauer oder Freude, manchmal zu direktem Widerstand oder Abwehr. Oft ist sie jedoch

© Der/die Autor(en), exklusiv lizenziert an Springer-Verlag GmbH, DE, ein Teil von Springer Nature 2022
J. Winkler, *Mut zum Hier und Jetzt*, essentials,
https://doi.org/10.1007/978-3-662-65854-3_4

erleichternd. Ganz wesentlich ist, dass wir stets aus fürsorglicher Position heraus konfrontieren.

Nicht nur im Rahmen der Psychotherapie ist es eine lebenslange menschliche Aufgabe, freundlich Grenzen ziehen zu können und Unbequemes anzusprechen. Wir Therapeut*innen haben in den Therapien eine wunderbare persönliche Lernumgebung dafür!

Häufig äußern Therapeut*innen, dass sie erst einmal „Beziehungsarbeit" machen bzw. eine tragfähige therapeutische Beziehung „herstellen" möchten, ehe sie Konfrontatives oder Unbequemes in den Therapien ansprechen. Meiner Meinung nach ist die Vorstellung, dass wir die Beziehung festigen, indem wir Unbequemes aussparen, falsch. Beziehung entsteht bei einem vertieften Versuch, gemeinsam zu verstehen. Beziehung entsteht durch unser tiefes Interesse an unserem Gegenüber. Ganz im Gegenteil zu der genannten Vorstellung kann eine Beziehung nicht vertieft werden, wenn unbequeme Fragen oder gar Gefühle wie Enttäuschung und Ärger ausgespart bleiben. In diesem aggressionsfreien Raum etablieren wir unbewusst eine Norm, die beinhaltet, dass Irritationen und Aggression gefährlich für eine Beziehung sind und deshalb in diesem Raum besser ausgeklammert werden sollten. Das verhindert eine Vertiefung der Beziehung!

Ich mache gute Erfahrungen, zum Beispiel aggressionsgehemmte Klient*innen früh auf eine aggressive Seite anzusprechen. Ich sage dann schlicht: „Da haben Sie auch eine aggressive Seite", und beobachte die Reaktion darauf. Ich zeige dadurch, dass ich diese versteckte Seite sehe, wir sie untersuchen können und ich dennoch zugewandt bleibe. Wenn ich aus guter Absicht diese Beobachtung ausklammere, weil ich ja merke, wie viel Angst jemand vor seiner eigenen Aggression hat, so suggeriere ich damit, dass die Aggression tatsächlich gefährlich ist. Wir können uns auch fragen, wie eine Beziehung überhaupt eine Vertiefung erfahren kann. Dies geschieht nicht durch ausschließlich positive Kommunikation und Rückmeldung. Eine Bindung vertieft sich dadurch, dass Konflikte und kleinere Brüche sein dürfen, wir aber zugewandt und interessiert bleiben.

Zentral ist nicht, wie wir Brüche in der Beziehung vermeiden, sondern wie wir diese erkennen und anschließend damit umgehen.

Im Hinterkopf unserer Klient*innen existiert ja die Befürchtung: „Wenn mein Therapeut wirklich wüsste, wie ich bin, dann würde er sich abwenden, mich abwerten oder wegschicken! Genauso, wie ich das mit meinen Bezugspersonen in der Vergangenheit erlebt habe! Ich lasse also den Teil von mir innerhalb der Gespräche vor der Tür, durch den ich befürchte, Ablehnung zu erfahren." Wenn wir diesen Teil nie spiegeln, benennen oder konfrontieren, verpassen wir die Chance einer ganzheitlichen Begegnung. Safran und Muran (2000, S. 237 f.) schreiben dazu:

> *„The experience of working through an alliance rupture can play an important role in helping the client to develop an interpersonal schema that represents the self as capable of attaining relatedness, and others as potentially available emotionally."*

Natürlich sind die Art und Weise des Dialogs wesentlich und die Dosierung wichtig. Wir könnten unsere Klient*innen auch überfordern. Dies geschieht in Abhängigkeit der jeweiligen strukturellen Vulnerabilität. Als ich eine Lehrtherapie begann, sagte mein Therapeut, Therapie bedeutet, dass wir eine Beziehung hätten, dann ein Konflikt aufkäme und wir diesen dann gemeinsam bearbeiten würden. Mir machte diese Ansage Angst und ich ging mit einer Nervosität und Unsicherheit in die Stunde. Ich hatte ja meine eigenen Themen und kein Interesse, noch neue Konflikte durch die Therapie dazu zu bekommen! Es bleibt also fraglich, ob wir diese Möglichkeit gleich im Erstgespräch so betonen sollten. Es ist vielmehr eine unausweichliche Tatsache, die uns im Prozess der Therapie hilft, mehr über uns zu verstehen.

Es gibt auch sehr vulnerable Klient*innen mit beispielsweise schwerer narzisstischer Problematik. Sie können nur ein begrenztes Maß an Konfrontation in Beziehungen aushalten und müssen die Beziehung abbrechen, wenn sie bedrohlich wird. Wenn wir auf die Beziehung zu sprechen kommen, da wir eine mögliche negative Übertragung spüren, so haben wir folgende Möglichkeiten, dies zu dosieren: Statt „Wie geht es Ihnen mit mir in Beziehung?" könnten wir fragen: „Wie geht es Ihnen mit der Therapie?" Wir machen also nicht zu früh die Möglichkeit auf, dass die Beziehung an sich infrage gestellt werden könnte. Wir überlassen bei der Antwort unseren Klient*innen, auf welchen Ebenen sie die Frage beantworten wollen, und können erst einmal genau da mitgehen.

Auf der anderen Seite empfinden gerade äußerst belastete Klient*innen mit einer sehr abhängigen Persönlichkeitsstruktur einen abgegrenzten Stil, der auch zu Reibung und Widerspruch einlädt, angenehm. Bei einem sehr emphatisch mitschwingenden Stil ohne Konfrontationen wird ein kongruenter Raum ohne Grenzen geschaffen, der Emotionen verstärkt und die Angst vor Selbstverlust durch zu viel Nähe verstärkt. Dieser Stil mag wunderbar für Klient*innen mit einer ausreichend starken Ich-Struktur sein, die in ihrem Leben eher zu viele Grenzen erfahren haben. Bei strukturell sehr vulnerablen Klient*innen würde unsere zurückhaltende Beziehungsarbeit durch reines Verstehen und Empathie paradoxerweise Ängste schüren und auch eine tiefere Bindung erschweren. Wenn es zu nah wird, wenn wir gerade das Gefühl haben, unser Gegenüber fühlt sich ja so verstanden, dann bleiben diese Klient*innen plötzlich weg und melden sich nie wieder!

Diese Beispiele sollen zeigen, dass es keine feste Regel dafür gibt, wie wir konfrontieren. Wir müssen uns unser Fingerspitzengefühl für Zeitpunkt und Dosis unserer Interventionen bewahren. Häufig werden Therapeut*innen, wenn Sie konfrontativer werden, im Ton schroffer; dies kann tatsächlich bedrohlich für unsere Klient*innen werden. Das geschieht vor allem dann, wenn wir zu lange und zu viel contained haben und bereits eine aggressive Gegenübertragungsreaktion entwickeln.

Therapeut*innen, welche einen konfrontativen Stil haben, konfrontieren meist sehr klar, aber sehr verständnisvoll. Sie validieren stets die Not und die Bedürfnisse hinter dysfunktionalen Verhaltensweisen. So könnte ich der Klientin, die von meiner fehlenden Präsenz an diesem Tag enttäuscht war, entgegnen: „Sehen Sie, ich kann gut verstehen, dass Sie das enttäuscht hat, wenn Sie mich da so erleben. Aber könnte es nicht sein, dass es in Beziehungen normal ist, dass wir uns mal näher und stärker in Verbindung fühlen und dann wieder stärker distanziert?" Wir können einen Wunsch also anerkennen, müssen ihn aber nicht erfüllen. Ganz nach dem Motto: Ich sehe und achte Ihr Bedürfnis, mir näher zu sein, aber ich kann und möchte dies in diesem Moment nicht erfüllen. Oder wie ein Supervisor von mir betont: „Das ist ein Auftrag an Sie. Das bedeutet aber noch nicht, dass Sie diesen Auftrag auch annehmen müssen." Wir sollten immer aus verständnisvoller, fürsorglicher Position konfrontieren, dann können unsere Kontrastierungen und Konfrontationen auch besser aufgenommen werden.

Eine Ausnahme bildet akute Suizidalität. Hier muss mit dem Leben ein höherer Wert geschützt werden, hier müssen wir Position beziehen und können uns nicht zurücklehnen und drucklos explorieren. Ein Supervisor von mir schlägt hier Folgendes vor: „An dem Punkt, an dem Sie mit mir arbeiten wollen, muss völlig klar sein, dass Sie sich nichts antun. Wenn Sie sich da ein Türchen offen halten, können wir nicht Therapie machen. Wenn Sie Therapie machen, entscheiden Sie sich für Ihr Leben." Natürlich können wir anschließend gemeinsam explorieren, welche Funktion diese Aussage für unsere Beziehung hat und gemeinsam diese Gedanken verstehen. Eine andere Supervisorin von mir würde hier noch konfrontativer vorgehen (wenn zum Beispiel appellative Suizidgedanken als Druckmittel in einer Beziehung eingesetzt werden): Wenn ein Klient darauf besteht, an diesen Gedanken festhalten zu wollen, können wir in etwa sagen: „Hören Sie, das ist nicht der Grund, weshalb wir hier zusammen Therapie machen. Wir wollen verstehen, warum Sie an diesen Gedanken festhalten. Sie denken, die Suizidgedanken richten sich nur auf Sie … Aber eigentlich ist es ein Angriff auf die Therapie … Was an der Therapie ist denn so, dass Sie sie angreifen?"

Meistens haben Klient*innen die Momente als am fruchtbarsten in Erinnerung, in denen wir provokativer und etwas *frecher* unterwegs waren als sonst. Natürlich wird das nicht unbedingt in diesem Moment so aufgefasst und gespiegelt. Dieser Gefallen wird uns nicht getan. Manche Therapeut*innen würden sagen, wenn ich das und das sage, hätte das überhaupt keine Auswirkung – wir können darauf vertrauen, dass das, was wir sagen, eine Wirkung hat, unabhängig davon, ob es direkt aufgenommen und verdaut werden kann oder nicht. Sinngemäß vertritt auch Kernberg (Caligor et. al. 2010) diese Haltung und möchte damit Mut machen, Dinge anzusprechen, auch wenn sie vielleicht nicht sofort auf Verständnis stoßen. Ganz nach dem Motto: Wenn wir etwas gesagt haben, haben wir's gesagt und es hat eine Wirkung! Häufig müssen unsere Klient*innen dies erst einmal abweisen. Aber wir können sicher sein: Es bleibt! Insgesamt brauchen wir keine Angst davor zu haben, mit unseren Interventionen etwas kaputt zu machen. Die größte Gefahr besteht darin, dass wir uns auf ein Verstehen bei halbem Tiefgang geeinigt haben und mit der Therapie die Chance vertun, wirklich tief zu verstehen. Dadurch müssen wir unsere Klient*innen auch da berühren und mitunter fordern, wo sie üblicherweise nicht hingehen. In der buddhistischen Psychologie wird diese Haltung treffend als „das scharfe Schwert des Mitgefühls" bezeichnet. Mitgefühl kann manchmal wehtun. Immer dann, wenn wir unseren Finger darauf legen, wo es unangenehm ist. Aber nur so kommen wir aus einer gegenseitigen Schonhaltung heraus und ermöglichen eine Veränderung. Wir Therapeut*innen müssen uns zu diesem Zweck aus unserer eigenen Deckung wagen.

Übertragung und Gegenübertragung im therapeutischen Dialog – zwischen therapeutischer Technik und wahrhaftiger Begegnung

5

Die Herausforderung innerhalb der Therapie ist, wie und wann wir unser Erleben aus dem Beziehungsgeschehen nun mit unseren Klient*innen dialogisieren. Für so eine komplexe Aufgabe gibt es keine How-to-Formel, sie wäre auch nicht hilfreich. Wir können die Antwort darauf nicht einmal finden und dann schemenhaft anwenden. Dennoch hoffe ich, dass meine vereinzelten Beispiele eine Orientierung geben können. Wichtiger als vorgefertigte Formulierungen ist eine klare Haltung als Grundlage für diese Aufgabe. Es gibt keine Deutungs- oder Verstehenslinien, die wir wie eine Schablone auf unsere Klient*innen legen können. Verstehen ergibt sich aus dem Dialog. Unser Vorwissen und Vorverständnis dienen dabei als Arbeitshypothesen, die wir durch unsere Fragen überprüfen und differenzieren müssen. Unser Vorverständnis kann sogar hinderlich sein, weil es unseren offenen Blick auf die Situation einengt. Für die „Hier-und-Jetzt-Arbeit" ist die therapeutische Haltung nach Bion (2004, S. 243) nützlicher: „No memory, no desire, no understanding." Um offen für die Mitteilungen zu sein, die wir im Hier und Jetzt erhalten, müssen wir eine Art „Beginners Mind" (Suzuki 2016) haben. Wir sollten unseren frischen Blick auf die jeweilige Situation bewahren und ihn so wenig wie möglich durch Vorstellungen und Vorurteile verstellen. Wir sollten uns immer offenhalten, dass es doch um etwas ganz anderes gehen könnte als wir vermuten. Wir sollten uns weder zu frühen Schlussfolgerungen verleiten lassen noch vorschnell das Narrativ unserer Klient*innen übernehmen. Im therapeutischen Raum ist Verstehen keine objektive Größe.

> **Unsere Verantwortung ist, nicht einen objektiv wahren, sondern einen stimmigen Raum für uns und unsere Klient*innen zu schaffen.**

J. Winkler, *Mut zum Hier und Jetzt*, essentials, https://doi.org/10.1007/978-3-662-65854-3_5

Verstehen und Erkenntnis ereignen sich im Dialog. Weder der Therapeut noch der Klient können diesen Prozess alleine vollziehen.

Ein Supervisor von mir verglich die therapeutische Methode mit dem Vorgehen des berühmten Inspektor Columbo: „Wir fragen und suchen nach Wahrheit und tapsen dann wieder weite Strecken im Dunkeln, so lange, bis sich das Dickicht allmählich lichtet und wir in einem gemeinsamen Prozess mit unseren Klient*innen immer mehr von dem verstehen, was sich bis dahin dem bewussten Wissen entzog." Ich finde dieses Bild wunderbar. Es entlastet uns Therapeut*innen: Wir müssen weder allwissend wirken noch die Antworten im Vorhinein kennen. Wir müssen auch keine gut klingenden Deutungen in einer Art komplizierter Hirngeburt konstruieren. Deutungen und Rückmeldungen sollten sich nie wie eine rein mentale Operation anfühlen. Wenn sich diese aus einer Anstrengung heraus bilden, entstehen sie weniger aus dem jeweiligen Kontakt- und Verstehensfluss, sondern entstammen mehr aus der Welt von uns Therapeut*innen.

Eine andere Supervisorin von mir betont immer wieder, dass wir überhaupt nichts wissen müssen. Unsere Aufgabe ist es, zu verstehen, zu klären, uns zu interessieren. Und da neugierig und dranzubleiben, wo wir noch nicht verstanden haben, worum es wirklich geht.

Um diese Haltung zu verinnerlichen, müssen wir viel Unsicherheit und Nicht-Wissen aushalten können. Dafür braucht es ein Gegengewicht: das tiefe Vertrauen in die Selbstorganisation des Organismus und das tiefe Vertrauen, dass sich ein tiefes Verstehen ereignet, wenn wir in einem guten Kontakt mit unseren Klient*innen sind und Unterbrechungen dieses Kontaktes ansprechen und gemeinsam verstehen.

Aus diesem Verstehen kann irgendwann Erkenntnis werden und aus dieser Erkenntnis heraus geschieht Veränderung. Die Kontaktunterbrechungen zeigen sich entweder als innerer Rückzug unserer Klient*innen aus dem Kontakt oder in Form von offenen Konfrontationen (Safran und Muran 2000, S. 240). Weniger wesentlich ist, dass diese Unterbrechungen nicht passieren, sondern wie wir diese anschließend reparieren und allgemein damit umgehen.

Ich verwende für das therapeutische Gespräch den Begriff des Dialogs. Ein Dialog ist keine Aneinanderreihung von Techniken oder Interventionen, die einen bestimmten ausgesprochenen oder unausgesprochenen Zweck verfolgen.

Ein Dialog ist ein Gespräch von zwei Menschen auf Augenhöhe. Wenn wir Therapeut*innen an einem Dialog interessiert sind, setzt dies bei uns eine gewisse Verletzlichkeit und Offenheit voraus. Wir müssen uns selbst fragen, ob wir bereit sind, uns auch durch unsere Klient*innen und das jeweilige Gespräch verändern zu lassen. Sind wir dazu bereit, dann wollen wir im Hier und Jetzt der unmittelbaren Begegnung arbeiten. Um auf den Schutz unserer Rolle als Expert*innen, Heiler*innen oder Helfer*innen verzichten zu können, müssen wir mit unserer eigenen Verletzlichkeit gewissermaßen wohlfühlen. Wir brauchen selbst klare Grenzen und eine ausreichende Selbstachtung. Wenn uns diese Aspekte noch schwerfallen, können wir daran in unserer eigenen Lehrtherapie oder anderen Selbsterfahrungsgruppen arbeiten.

Der therapeutische Prozess entwickelt sich anhand des Pendelns zwischen Erleben und Verstehen. Wir wollen verdeckten Affekten Raum geben und diese spürbar werden lassen. Nur so bekommen wir anschließend einen gemeinsamen Zugriff darauf. Durch ein gemeinsames Verstehen können diese Affekte und das Erleben integriert werden. Psychotherapie bleibt wenig wirkungsvoll, solange wir uns ausschließlich auf den Ebenen des Affektes und Erlebens oder aber des distanzierten rationalen Verstehens bewegen. Erleben und Verstehen müssen Hand in Hand gehen. Durch Untersuchungen konnte gezeigt werden, dass beim Verstehen weniger ausschlaggebend ist, welches Verstehensmodell angewendet wird, sondern ob die jeweilige Erklärung Anschluss an die Innenwelt unserer Klient*innen findet (vgl. Yalom 2010b, 2015).

Verstehen ist ein subjektiver Prozess in der Therapie. Es ergibt sich über eine Kopplung des Erlebens mit einer stimmigen Deutung. Eine Deutung ist laut dem Psychoanalytiker und Soziologen Lorenzer zunächst nicht mehr als eine „probeweise eingesetzte Bedeutung" (Lorenzer 2016, S. 92), mit deren Hilfe wir uns der „wirklichen Bedeutung" (ebd.) annähern können. Die wichtigsten Quellen für unsere Interventionen sind das Verbale, das Nonverbalen und unsere eigene Gegenübertragung. Eine Deutung sollte sich nicht wie eine „mentale Operation" anfühlen. Wenn wir das Gefühl haben, dass wir uns unsere Deutungen mehr oder weniger aus den Fingern saugen müssen, dann können wir fast sicher sein, dass sie wirkungslos bleiben. Egal, wie geschickt oder elegant sie formuliert sind oder ob sie rein technisch zutreffen oder nicht: Sie sollten sich aus dem jeweiligen Prozess heraus ergeben, sie kommen mehr oder weniger zu einem.

Der geeignete Zeitpunkt für das Dialogisieren einer Deutung spielt eine entscheidende Rolle. Zu frühe Deutungen können *plump* daherkommen und unsere Klient*innen überfordern. Manchmal – gerade bei depressiven Erkrankungen – müssen unsere Klient*innen erst einmal das Gefühl haben, dass wir sie in ihrem Leid sehen und aushalten können. Deshalb *darf* anfänglich noch nichts helfen.

Wenn wir ein gemeinsames Verstehen zu früh forcieren, kann es sein, dass sich unser Gegenüber in seinem Leid unverstanden fühlt und sich der Deutung und damit dem Dialog verschließt. Allgemein sollten wir mit unseren Deutungen sparsam umgehen. Wichtiger für die Therapie ist es, solange wie notwendig zu klären, zu fragen und zu explorieren! In einer „guten" Therapiestunde sind sowohl unsere Klient*innen als auch wir Therapeut*innen ein Risiko eingegangen; unser Erleben im Hier und Jetzt anzusprechen kann sich häufig so anfühlen. „Ich [setze] mich als Therapeut einem Zusammenhang aus […], ohne Absicht und ohne Furcht" (Hellinger, 2015). Ich tue dies, ohne vorher zu wissen, in was für einen Zusammenhang ich mich begebe, welcher Prozess daraus folgen wird und was er in mir bewirken wird. Das einzige was ich sicher anbieten kann, sind meine Präsenz, ein zugewandter Kontakt, meine Neugierde, mein Vertrauen in den Prozess und meine Bereitschaft da zu bleiben.

Wir geben schließlich die Kontrolle über den Gang des Gesprächs ab und sind offen für das, was unsere Intervention bei unserem Gegenüber auslöst, wie es unsere Beziehung beeinflusst. Nur so kommen wir aus dem bereits Verstandenen in einen Prozess des Kennenlernens und Verstehen-Wollens.

Wenn das Beziehungsgeschehen Thema wird, sollten wir nicht zu früh beschwichtigen, uns erklären oder rechtfertigen. Gleichzeitig sollten wir uns auch nicht komplett herausnehmen und im Verlauf der Klärung bereit sein, auch Zugeständnisse zu machen und das eigene Verhalten und Erleben zu hinterfragen. Bleiben wir nur auf der Ebene des Klärens, wenn wir persönlich angesprochen werden und gar nicht persönlich antworten, dann schwächen wir die Bindung. Fast immer enthalten die kritischen Rückmeldungen unserer Klient*innen auch ein Fünkchen Wahrheit. Wenn wir gar keine Zugeständnisse machen, unterbrechen wir den Kontaktfluss; wir lassen unsere Klient*innen mit einer Wahrnehmung allein, die sie nicht verstehen und einordnen können. Letztendlich „schwächen" wir damit die „Instinkte" (vgl. Perry 2020, S. 70) unserer Klient*innen, was wir ja nicht wollen. Psychotherapie ist immer eine gemeinsame Aufgabe. Das würde ich gegenüber meinen Klient*innen stets betonen. Es ist unsere gemeinsame Aufgabe zu verstehen. Dabei geht es nicht darum, dass etwas nicht okay ist!

Hilfreiche Haltungen für Hier-und-Jetzt-Interventionen sind:

- immer verständnisvoll
- die dahinterstehende Not und mögliche Bedürfnisse validieren
- um Erlaubnis fragen
- sich selbst zurücknehmen und drucklos explorieren (keine Beschwichtigungen, Erklärungen, Rechtfertigungen)

- aber: sich selbst nicht herausnehmen; selektiv-authentisch antworten, um den Kontaktfluss auf der Bindungsebene nicht zu unterbrechen
- sparsam mit Deutungen umgehen, wichtiger sind Klären und Explorieren
- die gemeinsame Aufgabe betonen; es geht um ein gemeinsames Verstehen und nicht darum, dass es nicht okay ist
- fragen, wie unsere Intervention angekommen ist („mich interessiert, was Sie von dem erreicht, was ich soeben gesagt habe, und wie es bei Ihnen angekommen ist")

> **Wir müssen als Therapeut*innen überhaupt nichts wissen. Unsere Aufgabe ist es, Fragen zu stellen und uns zu interessieren.**

Abschließend möchte ich Mut dazu machen, dass es in den Therapien spielerisch, kreativ und auch mit einer guten Anbindung an die eigene konstruktive Aggression zugehen darf. Wenn ein guter Kontakt zu unseren Klient*innen besteht, können wir auf den Prozess der Selbstorganisation vertrauen. Sofern eine gute Beziehung besteht, müssen wir keine große Angst haben, bei unseren Klient*innen Schaden anzurichten. Häufig beschreiben Klient*innen, dass die provokativeren, frecheren und irritierenden Momente nachträglich am fruchtbarsten waren. Ich hoffe, dass Sie beim Lesen mehr Lust auf das Hier und Jetzt und auf das Dialogisieren des Beziehungsgeschehens in der Psychotherapie bekommen haben!

Danksagung

6

Mein herzlicher Dank gilt …

… dem **Jung-Institut in Zürich,** bei dem ich dieses Seminar zusammen mit **Julian Meyer-Hemme** halten durfte.

… den **Studierenden am Jung-Institut und ihren** weiterführenden Beiträgen und kritischen Anmerkungen zur Gestaltung; ich hoffe sehr, dass dieser Text auf offen gebliebene Fragen eingeht und damit zu größerer Klarheit bei dem doch vielschichten Thema verhilft!

… meinem Freund und Kollegen **Julian Meyer-Hemme,** der einen starken Hier-und-Jetzt-Fokus für seine psychotherapeutische Arbeit einnimmt, mich damit immer wieder herausfordert und mit dem ich ein Seminar mit den Inhalten dieses Textes halten durfte!

… meinen Supervisoren Frau **Christiane Rösch und Dr. Bernhard Grimmer,** deren ganzheitlicher Blick und technische Interventionsvorschläge immer mehr in meine Arbeit eingeflossen sind – und damit auch in diesen Text.

… meiner Frau Irina, die mir trotz stressigem Alltag mit unseren wunderbaren Kindern und Arbeit die Zeit zum Anfertigen eines solchen Textes ermöglicht.

… meinem Ausbildungsinstitut und insbesondere **Dr. Wolf Büntig (1934–2021),** der den Wert der humanistischen Haltung in der Psychotherapie so lebhaft und erlebbar vermittelt hat!

… dem Projektkoordinator **Heiko Sawcuk** vom Springer Verlag für die freundliche Aufnahme dieses Projekts.

… meiner Lektorin Frau **Marion Drachsel** für sprachliche Korrekturen und hilfreiche inhaltliche Hinweise.

J. Winkler, *Mut zum Hier und Jetzt*, essentials,
https://doi.org/10.1007/978-3-662-65854-3_6

Was Sie aus diesem *essential* mitnehmen können

- Neben den konkreten Themen unserer Klient*innen ist die Frage zentral, wie sich ihre Problematik im Hier und Jetzt der therapeutischen Szene abbildet.
- Die Problematik lässt sich über das Erleben der Übertragung und Gegenübertragung erkennen und einordnen. Diese sind gleichzeitig unsere wichtigste Quelle für Hypothesen und Interventionen.
- Bei der Arbeit an und mit der therapeutischen Beziehung sollten wir Therapeut*innen uns zurück-, jedoch nicht heraushalten.
- Da das Erleben im Hier und Jetzt lebendig und einzigartig ist, müssen wir lernen, Sicherheit in der Unsicherheit zu finden.
- Als Therapeut*innen müssen wir gar nichts wissen. Indem wir an unsere eigene konstruktive Aggression angebunden und neugierig bleiben, können wir Risiken eingehen und einen gemeinsamen Verstehensprozess vorantreiben.

Literatur

Bion, W. R. 2004. Notes on Memory and Desire. In *Classics in Psychoanalytic Technique*, Hrsg. R. Langs, 243–244. Lanham: Rowman & Littlefield Publishers Inc.

Buber, M. 2021. *Ich und Du*. Ditzingen: Reclam.

Caligor, E., O. F. Kernberg, und J. F. Clarkin. 2010. *Übertragungsfokussierte Psychotherapie bei neurotischer Persönlichkeitsstruktur*. Stuttgart: Schattauer.

Clarkin, J. F., Yeomans, F. E. & Kernberg, O. F. 2006, dt. 2008. *Psychotherapy for borderline personality. Focusing on object relations*. Washington, DC: American Psychiatric Publishing (Dt.: Psychotherapie der Borderline-Persönlichkeit. Manual zur psychodynamischen Therapie. Stuttgart: Schattauer).

Doering, S. 2016. *Übertragungsfokussierte Psychotherapie (TFP)*. Göttingen: Vandenhoeck & Ruprecht.

Dörner, K., U. Plog, C. Teller, und F. Wendt. 2007. *Irren ist menschlich. Lehrbuch der Psychiatrie und Psychotherapie*, 3. Aufl. Bonn: Psychiatrie-Verlag.

Ermann, M., Hrsg. 2014. *Der Andere in Der Psychoanalyse: Die Intersubjektive Wende*. Stuttgart: Kohlhammer.

Freud, S. 1912/1999. *Ratschläge für den Arzt bei der psychoanalytischen Behandlung*. GW VIII, 375–387. Frankfurt a. M.: Fischer.

Freud, S. 1942. *Gesammelte Werke V*. Frankfurt/M: Fischer.

Heigl-Evers, A., und B. Nitzschke. 1991. Das Prinzip „Deutung" und das Prinzip „Antwort" in der psychoanalytischen Therapie: Anmerkungen zur theoretischen Begründung zweier therapeutischer Angebote, die an unterschiedliche Klientengruppen gerichtet sind. *Zeitschrift für Psychosomatische Medizin und Psychoanalyse* 37(2):115–127.

Heimann, P. 1950. On Counter-Transference. *International Journal of Psychoanalysis* 31:81–84.

Heimann, P. 1969. Gedanken zum Erkenntnisprozess des Psychoanalytikers. *Psyche – Zeitschrift für Psychoanalyse* 23:2–24.

Hellinger, B. 2015. *Die Quelle braucht nicht nach dem Weg zu fragen*, 6. Aufl. Carl Hanser Verlag.

Hinz, H. 2002. Wer nicht verwickelt wird, spielt keine Rolle: Zu Money-Kyrie: „Normale Gegenübertragung und mögliche Abweichungen" 1. *Jahrbuch der Psychoanalyse* 44:197–223.

Jung, C. G. 2007. *Die Beziehungen zwischen dem Ich und dem Unbewußten*, 10. Aufl. Deutscher Taschenbuch Verlag GmbH & Co. KG: München

König, K. 1998. *Gegenübertragungsanalyse*, 3. Aufl. Göttingen: Vandenhoeck & Ruprecht.

Körner, J. 2018. *Die Psychodynamik von Übertragung und Gegenübertragung.* Vandenhoeck and Ruprecht.

Lambert, M.J., und D.E. Barley. 2001. Research summary on the therapeutic relationship and psychotherapy outcome. *Psychotherapy* 38(4):357–361.

Lorenzer, A. 2016. *Sprachzerstörung und Rekonstruktion. Vorarbeiten zu einer Metatheorie der Psychoanalyse*, 6. Aufl. Suhrkamp: Frankfurt a. M.

Mentzos, S. 2008. *Neurotische Konfliktverarbeitung. Einführung in die psychoanalytische Neurosenlehre unter Berücksichtigung neuer Perspektiven*, 20. Aufl. Frankfurt a. M.: Fischer.

Peseschkian, H. N. (2019). *Wenn du willst, was du noch nie gehabt hast, dann tu, was du noch nie getan hast: Geschichten voll Weisheit und Wärme.* Freiburg: Herder.

Perls, F. S. 2008. *Gestalt-Therapie in Aktion*, 10. Aufl. Stuttgart: Klett-Cotta.

Perry, P. 2020. *Das Buch, von dem du dir wünschst, deine Eltern hätten es gelesen (und deine Kinder werden froh sein, wenn du es gelesen hast)*, 9. Aufl. Berlin: Ullstein.

Pross, C. 2009. *Verletzte Helfer: Umgang mit dem Trauma: Risiken und Möglichkeiten sich zu schützen*, Leben lernen, Bd. 222. Klett-Cotta.

Sachse, R. 2013. *Persönlichkeitsstörungen: Leitfaden für die psychologische Psychotherapie*, 2. Aufl. Göttingen: Hogrefe.

Safran, J. D., und J. C. Muran. 2000. Resolving therapeutic alliance ruptures: Diversity and integration. *Journal of Clinical Psychology* 56(2):233–243.

Sandler, J. 1976. Gegenübertragung und Bereitschaft zur Rollenübernahme. *Psyche* 30:297–305.

Sterba, R. 1934. Das Schicksal des Ichs im therapeutischen Verfahren. *Internationale Zeitschrift für Psychoanalyse* 20:66–73.

Stern, D. N., N. Bruschweiler-Stern, A. M. Harrison, K. Lyons-Ruth, A. C. Morgan, J. P. Nahum, L. Sander, und E. Z. Tronick. 1998. The process of therapeutic change involving implicit knowledge: some implications of developmental observations for adult psychotherapy. *Infant Mental Health Journal: Official Publication of The World Association for Infant Mental Health* 19(3):300–308.

Suzuki, S. 2016. *Zen-Geist – Anfänger-Geist: Unterweisungen in Zen-Meditation.* Limitierte Sonderauflage. Bielefeld: Theseus.

Vogel, R. T. 2017. Individuation und Wandlung. *Der „Werdensprozess der Seele" in der Analytischen Psychologie C. G. Jungs.* Stuttgart: Kohlhammer.

v. Thun, F. 2021. *Miteinander reden: Fragen und Antworten*, 11. Aufl. Rowohlt Taschenbuch Verlag

Wöller, W., und J. Kruse. 2015. *Tiefenpsychologisch fundierte Psychotherapie: Basisbuch und Praxisleitfaden*, 4., akt. Aufl. Stuttgart: Schattauer.

Yalom, I. D. 2005. *Im Hier und Jetzt: Richtlinien der Gruppenpsychotherapie*, 5. Aufl. München: btb.

Yalom, I. D. 2010a. *Der Panama-Hut oder was einen guten Therapeuten ausmacht.* München: btb.

Yalom, I. D. 2010b. *Theorie und Praxis der Gruppenpsychotherapie*, Ein Lehrbuch. 10. Aufl. Stuttgart: Klett-Cotta.

Printed in the United States
by Baker & Taylor Publisher Services